A Study Sense, It is Completed

Before the Age 10

AI世代的牛津式新五感教養

國際教育專家・誠摯推薦

世界上最困難的事，就是讓孩子自動自發學習。那麼，會自主學習的孩子，究竟是如何培養出來的呢？任教於牛津大學的語言學家趙知恩教授表示，那個祕密就是「學習感」。擁有「學習感」的孩子，在學習新事物的過程會獲得很大的成就感，並且認為只有學習才是能夠完全拓展內涵的捷徑，因此即便沒有人督促，他們也會不自覺投入學習的樂趣之中。

不過，我們不需要為了培養「學習感」而開啟另一場戰爭。作者藉由此書，邀請家長們鼓起三種勇氣：不助長激烈競爭的勇氣、耐心等待的勇氣，以及和孩子一起變得更幸福的勇氣。或許在閱讀過程中，你會懷疑這樣做真的行得通嗎？但本書提供了各種實例與方法，為這個疑問帶來具體的答案。

我們生活在一覺醒來，趨勢就可能發生劇變的時代，這時代的孩子們必須具備什麼關鍵能力呢？身為趨勢研究者的我認為是**適應力、創造力與合作力**。然而，在無止盡競爭、個體性被壓抑的教育氛圍下，很難好好培養這些能力。本書作者表示，**如果希望自己的孩子成為引領ＡＩ時代的人才，重點不在於追求排名和正確答案，而是培養他們的「學習感」**。透過本書，父母一定可以更明確地瞭解，為了孩子面臨的學業、未來的成功職涯和幸福人生，應該如何做出選擇。

金蘭都（首爾大學消費者學系教授）

*****

身兼牛津大學教授、同時是語言學家的作者趙知恩，她的文章比任何教育家的演講都要貼近人心，如同在寧靜午後緩緩沖泡而成的一盞茶，看似平靜，卻在我們心裡激起漣漪。

人在成長過程中，即使不特別努力，也能夠自然而然學會複雜的語言。語言學家透過研究這個過程，也明白如何自然地學習人生的必備知識與智慧。此書對教育界的影響細膩而深遠，如同茶香氣般濃郁綿長——**與其強迫灌輸孩子知識，不如讓他們在學習中自行領悟；與其把孩子推向社會期望的道路，不如幫助他們**

開拓更適合自己的道路，這才是當代最迫切需要的教育，而這本書涵蓋了許多實現這種教育的方法。

在本書中，趙知恩教授與我們分享了許多實例，包含女兒與朋友們的故事、在牛津大學工作的所知所獲，以及經歷各種人事物、攻讀研究所獲得的體悟，更以英國的午茶時間為喻，向家長們說明——我們不必投注大筆金錢與心力，也能以更自然的方式教育好子女。

身為教育工作者，我在閱讀本書的同時，也迫切希望所有家長都能讀到這些內容。每個孩子都格外珍貴、擁有獨樹一幟的天生特質，如果你希望孩子在教育中快樂成長，並盡情展開夢想的翅膀，我很推薦你閱讀此書。

寫於某個春日早晨，在史丹佛大學校園裡，喝著有點辣的印度香料茶……。

保羅．金（史丹佛大學教育研究院副院長）

*****

小時候，我以為學習止於學校。長期為了考試而讀書，以及在學習上遭受挫折的記憶，往往讓人對學習產生恐懼。然而，書中的一句「當孩子開始觀察時，也開始了學習」讓我停住了視線，也提醒了我，**日常生活中的觀察就是學習的起點**。作者沉穩而親切地說明，**以「沉浸、遊戲、合作、AI學習」為重點的教育，如何和我們所追求的「幸福、自主學習、自我尊重、建立價值觀」互相輝映**。在這瞬息萬變的時代，如果你也期望孩子一生都能體驗並享受學習，我想推薦你這本書，它值得你給自己每天一盞茶的時間、好好閱讀。

宋吉永（VAIV company 副社長）Mind Minor，《個人時代》作者

*****

熟悉韓國與英國教育現況的作者，客觀提出了她的教育解方，我對此表達敬意。她所實踐的教育，蘊含了英式下午茶文化的從容和甜蜜，也給予家長們實踐另一種教育方式的勇氣。

每個人都需要學習，但我非常認同，學習上的成功不等於考試高分。家長真正應該為年幼孩子培養的，是「學習感」。這種態度能夠讓孩子站在廣闊的世界

面前，理直氣壯表達出願意學習任何事物的自信。

現今的家長是受到盲目、殘酷的考試與評分制度所苦的一代，不敢自信談論夢想，自尊心也嚴重受傷。我們不能將傷痛原封不動傳給下一代，而應該將其當作反面教材，大膽為孩子的教育做出新的決斷。雖然孩子的選擇題分數、校排名次仍在眼前揮之不去，但希望我們可以不再受其左右，試著**透過信任、等待和對話來喚醒孩子的「學習感」**，如此一來，你也一定可以成為快樂的家長。

崔娜雅（首爾大學兒童家族學教授）《培養小學閱讀能力的媽媽的祕密》（暫譯）

＊＊＊＊＊

儘管所有家長都希望孩子幸福，卻還是很難放下對孩子表現出色，更準確地說，希望孩子一直都有好成績的期待。這得歸咎於「成績好」在我們成長的年代，不僅僅是學生的美德，也被視為子女的最高美德。然而，ChatGPT 的出現對傳統教學帶來了巨大衝擊，我們嘴上說著未來的教育必須改變，卻仍在潛意識中，期盼收到孩子的滿分考卷，以及最高學府的錄取通知書。童年時期的經歷和被家長灌輸的觀念就是如此根深蒂固。

然而，價值觀是可以改變的，這取決於我們接觸了什麼。如果我們緊抱父母輩的價值觀，那麼我們永遠都是「過去的家長」。但如果此時，我們試著聽聽那些樂於展望未來、探索教育新方向的學者觀點，其中或許會有能夠啟發我們的寶貴言論，幫助我們更宏觀地教育孩子。這不代表我們要為孩子規劃多了不起的藍圖，而是在日常生活中，當我們再次面臨「要選擇哪種教育機構？」、「要讓孩子寫大家都在寫的習題嗎？」、「今天的親子時間該怎麼安排？」這類問題時，能夠參考這些寶貴的話語，融入我們的決策裡。

我自己也差點沿用舊時代的觀念來教育孩子，所以很感謝及時遇見這本書。身為家長，這本書讓我屢次堅定想法，下定決心成為帶給孩子良好影響、良好價值觀的家長。**只要家長擁有良好的價值觀，**那麼不管在什麼教育制度、什麼環境之下，都可以為子女做出最好的決策。**而從家長身上學習到良好價值觀的孩子們，即使是在瞬息萬變的時代裡，也能為自己做出最佳決策，活得閃閃發光。**

仔細回想，我因為能做自己喜歡的事情，所以一直感到很幸福。我擁有從首爾大學到大企業的經歷，是多數人眼中的「成功子女」。但當我的母親被問起教養祕訣時，她總是說：「我只是讓她做想做的事。」小學時，我都是從一醒來就玩到睡覺。上國高中時，我曾經因為沉迷小說熬夜不睡覺，也曾經因為想練習劍道沒去晚自習而和老師爭吵。高中去上辯論補習班時，我覺得和老師討論各種社會議題非常有趣，因此即便不是補習的日子，我也會去補習班找老師聊天。上大學時，我花最多時間的地方不是圖書館，而是可以用高級音響聆聽古典樂的音樂欣賞室。在所有過程中，我學到並裝進大腦裡的不是知識，而是在這個世界生活所必需的心態、熱情和變得幸福的方法。我能夠離開高薪、福利好的大企業，追求自己懷抱熱情的工作，也是得益於此。

這本書詳細解釋了一切的重點是「過程」，而不是首爾大學和大企業的這種「結果」，同時也提醒了我們真正需要關心的是什麼。「怎麼樣才能讓孩子很會念書？」、「做智力測驗有幫助嗎？」、「學什麼才能讓孩子未來更容易成功？學寫程式嗎？」我總是掏心掏肺地回應家長們的提問，不過，今後所有的問題，都能以這本書作為回應，真的讓我很放心。

我認識趙知恩教授的契機，是一場名為「嬰幼兒英文接觸方向」的家長線上研討會。當時，很多家長對英文教育很感興趣，卻對於為孩子選擇正確方向感到徬徨，被補教機構的行銷手法搞得困擾又疲憊。我希望能讓家長們聽聽語言學家的「良言」，於是寫了封信給趙教授。當時，她正因為牛津英語辭典相關事務忙得不可開交，卻還是欣然答應參加，我由衷感謝她。在研討會中，我進一步瞭解趙教授應允的原因，感受到她的真心和使命感，她希望孩子們快樂學習英文，不要受到以高分、排名為導向的教育方式所壓迫，也希望孩子們能透過英文看見更寬廣的世界。我在閱讀本書時，也一直感受到教授溫暖的善意。真心希望更多人能看到這本書，它不僅能幫助我們拓寬思考，也能幫助家長對育兒產生信心，並從中感受到幸福。

朴正恩（《育兒科學》（暫譯）作者）

自序——喚醒學習感覺！AI世代孩子真正需要的教育

每次回到韓國，我總會看到親友們嘆氣不止的模樣，因為他們一想到孩子的教育就頭痛不已。不只是家長，孩子們看起來也是垂頭喪氣的。朋友說，雖然教育費用是一筆不小的開銷，但因為別人都會送孩子去全英語幼稚園或補習班，所以他也不得不照做。後來，我在英國研究到英文恐懼症，進而發現這個問題在亞洲相當普遍。有位媽媽指責老師，不該將孩子對英語的壓力視為問題。真的是一團亂。明明在教育上投注了那麼多心力，卻還是面臨「開倒車」的窘境。

親友們說，亞洲特有的競爭環境和教育政策，導致他們只能以千篇一律的方式要求孩子，但我不得不懷疑這種說法。我在韓國度過小學、國中和高中，在首爾大學讀完學士和碩士，在英國拿到語言學博士學位，目前在牛津大學任教近15年。我是一個研究兒童語言發展，同時接受過韓國和英國教育的人，也是以自己的方式養育兩個女兒的媽媽。我還參與牛津大學選拔新生的審查工作，每天都在思考一流大學和未來社會需要什麼樣的人才。

雖然我理解現在的教育環境，但我認為或許家長需要的，不是一個「完美的外語學習環境」，而是能真正有益於孩子的教養心態，以及實踐的勇氣。我想透過自己在牛津的研究成果，和養育女兒的經驗，告訴各位家長，有方法可以讓孩子和家長都能快樂學習。

我們的教育現場正在發生重大改變。二〇二三年一月五日，伊隆．馬斯克在自己的推特帳號張貼了以下內容：「It's a new world. Goodbye homework!（這是個全新的世界。再見，作業！）」該貼文上傳兩天前，美國紐約市教育部宣佈將禁止老師和學生利用學校網路或電子設備使用 ChatGPT。ChatGPT 是由伊隆．馬斯克和共同創辦人山姆．阿特曼（Sam Altman）成立的人工智能研究中心（OpenAI）所開發的對話型 AI 聊天機器人，這項 AI 服務於二〇二二年底推出，短短兩個月內每日使用人數就突破了一千萬，在教育界引起巨大變革。

只要使用 ChatGPT，任何人都可以透過提問輕鬆得到解答。聊天機器人能夠透過我們和它的問答脈絡，自動分析上下文，進而讓我們能對它提出更精細、靈活的問題。如今，獲取知識和資訊的方式截然不同了，我們已經沒有必要在搜尋欄上更換關鍵字來搜索，也沒有必要查閱線上論文和電子書，或者在線上留言板發問，等待不知何時才會出現的專家答覆。雖然目前ＡＩ聊天機器人對數據的學習量有限，所以回答還不夠完美，但ＡＩ的特性就是連現在這一刻也仍在不停學習，性能提升速度必然非常驚人。

ChatGPT 的影響力也擴及世界各地的學校。學生們開始利用 ChatGPT 做作業，儘管部分老師仍力挽狂瀾阻止這個趨勢，但效果並不顯著。例如，雖然紐約市禁止在校內使用 ChatGPT，但很難阻止學生在校外使用；提供英國等75個國家大學認可的國際文憑大學預科課程，非營利教育基金會「國際文憑組織（International Baccalaureate）」也在二〇二三年二月二十七日宣布未來不會禁止學生使用 ChatGPT。伊隆．馬斯克說的「再見，作業！」，聽起來就像在提醒人們接受這個瞬息萬變的世界。

一般來說，學生在學校接受的，大多是以背誦和摘要為主的教育。在考試前先把教科書的內容背得滾瓜爛熟，再把背好的內容寫在試卷上，接著比較彼此背下的知識與資訊量，最後接受評價。我們手中拿著這個評價，踏入了社會，擁有很多某個領域知識的人，就會成為那個領域的專家。

二〇〇一年出現了「數位原住民（Digital Native）」這個詞，二十多年後的現在，我想把身為阿法世代（Generation Alpha）的孩子們稱為「AI原住民（AI Native）」。孩子們在出生後便開始和 Siri、Alexa 對話，他們今後將生活在我們難以想像的未來世界。世界變化得如此之快，我們卻還在把上一代的價值觀強加到孩子們身上。將在二〇四〇年代、二〇五〇年代成年的孩子們，真的能夠從過去的教育方式得到幫助嗎？為了在未來的世界生活，孩子們應該需要其他能力吧？我們該怎麼幫助孩子們培養那些能力呢？

過去，二十世紀的教育口號是「標準化」，主要目標是讓所有的孩子在所有科目都能達到「平均」，以便未來從事標準化的工作。然而，現在是擺脫標準化的時代了。**AI世代的孩子，更需要適性發展、培養創造力的教育。擺脫追求速效、單方面傳遞資訊、背誦式的教學，孩子能夠擁有充分觀察、理解、提問和對**

話的時間；擺脫獨自在書桌前孤軍奮戰的學習方式，讓孩子接受**能擴展想像力與創造力的教育，以及能夠與他人互動、共存的情感教育**。

如果真心希望孩子能夠幸福，就應該先從家長開始改變，而不是孩子。

家長需要提醒自己，不要強迫孩子像跑滾輪的天竺鼠整天在書桌前讀書，也不需要為了和別人一樣而奔忙。家長要幫助孩子們尋找自己的才能，並把才能發展到最好。當然，教育和社會都需要改變，但當需要改變的規模越大，就越應該從個人開始實踐，空等教育政策改變才著手，可能已經錯過能夠好好教育孩子的機會。所以，家長必須馬上開始實施真正有益於孩子的教育。如果每個人都採取行動，一點一滴積累，最終就能引起更巨大的變化。

即使不打算成為學者和教授，我們的人生仍然一直在學習。學習需要欲望，當這種欲望生動鮮明時，就能快樂且充實地學習。最能啟動孩子學習感的人，正是家長。鼓勵孩子反覆解題並長時間坐在書桌前，反而可能讓學習感逐漸低落。學習感是從對學習的開放態度、循序漸進地接觸和積極表現等多方面綜合形成。要讓孩子自主學習，最關鍵的是培養孩子對周圍環境和事物的好奇心、探索欲和愉悅感。如果缺乏這些欲望或感覺，即便孩子在學業上嶄露頭角，未來當他們想要學得更廣、更深時，也會遇到阻礙。

啟動孩子學習感的第一步，就是了解孩子喜歡什麼。從語言學家的角度來看，學習知識和學習語言的型態相似。為了學好語言，除了學術上的努力之外，我們還需要與他人互動，而這些互動也會刺激孩子的學習感。為了學得更好，孩子需要與他人，特別是與家長互動。而在啟動學習感的過程中，絕對必備的條件則是「家長的等待」。

在這本書當中，我以英國的茶文化來比喻孩子的學習過程。在英國，茶點時間蘊含著等待的意義。對於英國人來說，茶有別於咖啡，不是迅速沖好、忍住滾燙、急著喝下的飲料。我們每天都會用公公從父母傳承下來的丹麥茶壺，花時間燒水泡茶，努力不錯過享用早茶、下午茶的時光，孩子們則喜歡在苦澀的茶中加入牛奶。

茶點時間，為我們忙碌的一天帶來片刻的悠閒，讓我得以在早上從容展望一天，在午後緩步喘息，儲備再次回到工作中的活力。茶點時間也是關心家人、同事，與身邊人好好對話的時間。稍微慢下來的這段時光，不僅為生活增加了彈性，也讓我們的每一天更加豐富美好。

現在我們的孩子們需要的教育，不就是這個嗎?為了幸福，我們必須學習，但如果我們的學習，只是急於應對世界提出的要求，如此焦急的心態，會讓我們離真正的學習越來越遠。希望閱讀這本書的家長們，可以暫時放下對孩子教育的焦慮心情，與一杯熱茶一起翻閱本書。對於孩子的教育，讓我們試著更全面地思考，實踐具有更深刻意義的教養。

於英國牛津大學

趙知恩

目次

自序　喚醒學習感覺！ＡＩ世代孩子真正需要的教育……10

第一章……學習感：啟動學習感覺的條件是等待

等待茶葉釋放香氣，如同等待孩子成長

・你願意耐心等待孩子提出問題嗎？……31
・當家長畫了框，孩子就會在框裡長大……35
・選擇「站遠一點」的英國家長們……39

為孩子準備點燃「學習動機」的柴火
．你知道，你的孩子喜歡什麼嗎？……44
．家庭常規與好習慣的神奇力量……47
．好奇心是激發學習感的火苗……51

10歲以前，別把孩子關在書桌前
．在美術館裡畫畫的孩子……56
．不運動的孩子，頭腦會當機……60
．孩子們踴躍參與的閱讀日……65

【立刻和孩子一起練習】學習感UP！……68

第二章……語言感：樂在其中，比正確答案更重要

全英語環境是必要的嗎？

・英語要說得像「母語者」一樣好？……75
・有英文恐懼症的孩子們……78
・沒有比好奇心更好的老師……84
・學習語言「最好的年紀」……88

媽媽親自教英文，行得通嗎？

・「媽媽牌英文」的潛在問題……92
・孩子需要「用得到」的英文教育……95
・讓ＡＩ成為語言學習的好夥伴……98
・比道地口音更重要的事……100

語言是孩子乘載世界的巨大基石
・培養「語言感」，建造通往外界的橋樑⋯105
・想讓孩子學習多語言，就別管成績了⋯106
・跨語言是未來世界的必備能力⋯110
・多語言文化下的新世界觀⋯114
【立刻和孩子一起練習】語言感UP！⋯118

第三章⋯⋯趨勢感：掌握時代動向的核心要素

培養趨勢感的教養關鍵字
・好奇——在牛津大學裡，好奇心攸關存亡⋯125
・創意——創造力佔90%的時代來臨⋯127

・閱讀——透過閱讀培養思考的習慣……130
・共同成長——家長和孩子間的雙向學習……134

我的孩子，在未來有優勢嗎？
・牛津大學裡不需要「模範生」……139
・在創造力的時代，團隊合作將成為勝出關鍵……142

懂得與AI共處的孩子，並不擔心被取代
・現在的孩子是「AI原住民」……145
・和AI一起玩出創造力……147
・避免孩子數位成癮的方法……151

【立刻和孩子一起練習】趨勢感UP！……154

第四章……社交感：從親子對話培養對外能力

沒有對話就沒有學習

・不被允許表達的孩子……163
・孩子不懂拒絕，怎麼辦？……166
・拯救孩子的話、傷害孩子的話……169
・孩子最需要得到稱讚的時刻……173

關鍵時刻，家長的心態

・家長的著急，會引起孩子的焦慮……177
・為什麼不該為孩子而活？……179
・管教是必要的……182
・爸爸是教養的關鍵拼圖……186
・學習不能只仰賴補習班……189

唯有家長才能為孩子做到的事

．善意的忽視，善意的關心……194
．為放手做的準備……198
．成為孩子的人生導師，而非老師……203
．孩子，謝謝你好好長大了……206

【立刻和孩子一起練習】社交感UP！……210

第五章……實現感：幸福的學習感是，成就孩子未來的翅膀

孩子的幸福感從哪裡來？

．孩子當下的幸福體驗也很重要……219
．幸福的實現感從慢慢來開始……222

・你的孩子今天有睡飽嗎？……225
・從孩子視角理解世界……228

讓僵硬的大腦變得更加靈活

・感受無聊的機會，很珍貴……232
・培養健康自尊心的方法……234
・教育孩子的同時，重新看見自己……236

培養孩子興趣，會帶來自我成就感

・如何讓孩子懷抱夢想？……240
・孩子最棒的學習動力……242
・創造溫馨回憶的機會有限……245

【立刻和孩子一起練習】實現感UP！……248

後記——玉蘭花的香氣……250
謝辭……253
參考文獻……255
參考影片……260

CHAPTER 01

學習感：

啓動學習感覺的條件是等待

英國人每天會喝好幾次茶。早晨先喝杯早餐茶（Breakfast Tea），十一點左右喝上午茶（Elevenses），午後享受下午茶（Afternoon Tea），晚餐時間再來杯晚餐茶（High Tea），英國人對茶的熱愛，是其他國家無法匹敵的。

茶點時間是一段享受悠閒的時光，匆忙品嚐喝不出茶的美好，為了泡出香氣被充分釋放卻不苦澀的茶，需要耐心等待水溫來到接近沸騰的溫度，等待茶葉在杯裡浸泡得剛剛好。沖好茶後，熱騰騰的茶也不急著喝，一口一口慢慢品嚐，不知不覺中，咖啡因已然驅走了疲勞。就像在耐心等待的過程中，發現孩子已然穩步成長。

兔子和烏龜在賽跑，烏龜的速度雖然慢，卻不曾休息，一直跑，於是贏過了在比賽途中睡著的兔子。夏天過後，螞蟻和蚱蜢要過冬，在炎熱的夏天裡勤勞工作的螞蟻，順利度過了寒冬，但只顧著玩耍的蚱蜢沒能撐過冬天。在伊索寓言的眾多故事裡，《龜兔賽跑》與《螞蟻與蚱蜢》似乎最廣為流傳。

烏龜和螞蟻所展現的勤勞、踏實，被認為是所有人都該具備的美德，許多人都認為同樣適用於孩子們的學習。在韓國有「只睡4個小時能上榜，但睡5個小時就會落榜」以及「學習要靠屁股[1]」的說法。曾經有某位小學生達成了一天讀書17個小時的紀錄，當時一度蔚為話題。與此相反，為了暫時休息一下而選擇睡一覺的兔子，以及一邊彈吉他一邊唱歌，整個夏天都在玩耍的蟋蟀，被視為孩子們最不該效仿的例子。但是，勤勞、踏實、努力、長時間坐在書桌前緊抓著書本讀書，真的是對孩子們未來而言最正確的答案嗎？

對於孩子們來說，世界充滿了新事物，那些都是需要學習的對象。因此，我們應該給孩子們機會，讓他們離開書桌，觀察並探索廣闊的世界。讓孩子能夠自信地表達，而非因為害怕遭到「怎麼會連這個都不知道」這類指責而壓抑好奇心。孩子們的腦中總會浮現新穎的問題，並懷著興奮的心情尋找解答，學習感的種子就是在那樣的時刻發芽。

我們也需要更放手地養育孩子，避免他們成為溫室裡的花朵。我們應該幫助他們擁有不害怕走出世界之外的堅定心志，為此，孩子們需要擁有豐富的失敗經驗。當孩子們因為跌倒或做錯事而傷心的時候，反而應該給予稱讚和鼓勵，這些經驗會幫助孩子們擁有健全的人生。

孩子們將展開漫長的人生旅程，他們會意識到學習沒有盡頭。對於才剛剛開始這段漫長馬拉松的孩子，如果被盲目要求跑得快一點、再快一點，可能會導致很大的問題。在終身學習的人生裡，尋找幸福的學習感，是孩子和家長需要共同研究的課題。**學習感不能在補習班裡培養，而是應該在孩子的人生中、在家中、在與家長的溝通對話中，以及孩子對世界的探索中培養。**

1 學習要靠屁股（공부는 엉덩이로 한다）：意為堅持不懈地學習比天生的資質更重要。

等待茶葉釋放香氣，
如同等待孩子成長

你願意耐心等待孩子提出問題嗎？

我在大學一年級時，以研究東方主義聞名的薩依德（Edward Said）博士造訪了我們學校，講堂座無虛席，盛況空前。雖然演講內容有點艱深，我沒能完全理解，但我感受到了薩依德博士的熱情。演講結束後，迎來了問答時間，但是這麼多人填滿了講堂，卻沒有一個人向薩依德博士提問，大家一直保持沉默，甚至連研究所的學長姐或教授們也都沒有發言，薩依德博士看起來非常錯愕。

二〇一〇年，首爾G20峰會期間，美國總統歐巴馬訪問韓國時，也發生了類似的事情。歐巴馬總統結束演講後，等待韓國記者提問，但沒有一個人開口，於是他問了又問，是否真的沒有問題，最後才由一名中國記者打破沉默。為什麼記者們都不提問呢？是因為對英文沒有自信嗎？還是完全沒有想知道的事呢？

在我成長的國家，提問被視為是對長輩或上級的挑戰。我在韓國授課時，也經常會因為沒有人發問而感到訝異。在一次對教授們的演講中，我完全沒有收到任何一名教授的回饋，心裡很擔心他們是否不滿意我的講座，但後來透過邀請我去演講的人得知，那些教授們並沒有那樣的想法。

我剛開始去英國留學時，英國學生對提問的踴躍程度讓我受到很大的衝擊，甚至有些學生在教授還在說話時，就以問題打斷教授的話。後來我當助教時，終於明白英國學生即使不太懂課程內容，也會提出煞有其事的問題。此時，我就像醍醐灌頂一樣，「原來就是因為不懂才問！原來不懂也可以理直氣壯！」韓國人如果要在懂的人面前表示自己一無所知，就像犯了什麼大錯一樣，把身體縮得小小的，然而英國學生對自己的無知並沒有太大感覺，他們並不覺得提出奇怪、莫名其妙的問題很丟臉。

二〇〇五年，我在美國麻省理工學院旁聽過諾姆．喬姆斯基（Noam Chomsky）教授的課，他是鼎鼎大名的元老級語言學家。每次的課程作業就是提一個問題，對於提出好問題的學生，教授會給予高分。**提問的能力和習慣會激發想像力**，到此，我想對家長們說，我們應該幫助孩子在腦海中培養豐富的好奇心和提問能力，而不是鼓勵孩子學會拿到一百分的考試技巧。如果期望營造讓孩子們能夠自信提問的環境，家長們首先要傾聽孩子的聲音。

我從就讀大學時期至今，都有寫「提問筆記」的習慣。在歷經曲折的留學時期，當我開始不看別人臉色、放鬆且自信提出腦海中的無數問題時，一切也開始翻轉。提問筆記上可以寫瑣碎的問題，也可以寫沉重、形式上的學識問題，什麼都可以，只要記住，重點不在於尋求答案，而是「提問」這個行為本身。

我在閱讀時也特別注重提問，而不是嚴謹地記憶或背誦內容，因此我也不會精讀。如果內心有不同意作者的部分，或者從作者的意見中，延伸出進一步的問題時，我就會闔上書本，上網搜尋我需要的資訊。這就是為什麼在讀書給孩子聽時，應該不斷詢問孩子的意見，就算孩子中途插話，也不要制止的原因。**在閱讀時，比起讓孩子徹底理解內容，應該培養他們針對內容一一提問的能力。**至於如何做提問筆記，家長可以運用素描本書寫或拍影片，讓孩子練習提問，不妨今天就開始試試看吧！

我曾經針對「為什麼不提問？」這個問題，與韓國高麗大學的學生討論。學生們表示，他們擔心會打斷課程，或者不想讓自己顯得太突出，所以不敢提問。

總而言之，就是因為擔心他人如何看待自己而開不了口。針對這一點，我更想提出問題，難道稍微突出一點是不行的嗎？不能和他人稍微不一樣嗎？雖然沒有必要故意與眾不同，但是對於孩子那些稍微突出的行動、想法，我們可以改變自己的視角，不再將和他人不一樣視為錯的或奇怪的。家長的角色就是在身旁關注和支持孩子，讓孩子獨特的想法和行動指引他們的人生方向。

如今ＡＩ時代已經成為現實，提問的能力變得更加重要。今後ＡＩ將在學術技術領域扮演重要的角色。雖然我們跟不上ＡＩ搜尋答案的速度，但ＡＩ目前還無法提出精細的問題。**在未來，可以藉由精確的問題，讓ＡＩ提出精確答案的人才，將擁有龐大的機會**。家長應該在孩子們停下來觀察某個事物時，等待他們去想像，直到他們提出問題。培養想像和提問的能力需要充分的時間和餘裕。

德國的哲學家路德維希．維根斯坦（Ludwig Wittgenstein）表示，如果不抱持任何預設想法來看待事物，就能有更多的發現及收獲。讓孩子的腦海能夠發揮想像力，進一步產生獨創的想法，這是很難透過背誦式、填鴨式教育獲得的，那樣的教育方式將會成為舊時代的遺跡。變化發生得比想像中快，現在已經有一些孩子們開始探索元宇宙，透過ＶＲ培養植物和昆蟲並從中學習。為了應對即將到來的變革，我們要給予孩子們時間，讓他們能夠漫無目的思考，讓他們有機會提出富含創意的問題。

當家長畫了框，孩子就會在框裡長大

有些家長在孩子出生之前，已經用一堆書籍佈置好孩子的房間。不僅昂貴的育兒套書備受歡迎，許多孩子的房間牆面都貼滿了海報，上面印有母語字母、ＡＢＣＤ等字母圖樣，這在有孩子的家庭是常見的風景。但是，在這麼多的書與符號之間，看起來似乎沒有孩子可以探索的空間。在孩子開始學走路和說話之前，就已經被家長事先做好的框架所困住了。

兒童教育中也存在刻板印象。只要搜尋育兒所需的資訊，就會看到一大堆標題有「啟蒙玩具、育兒必備」等字樣的產品。此外，也可以搜尋到教育規劃，例如，幾歲前該學哪些科目、是否要送孩子到雙語幼稚園。這些育兒資訊確實有其寶貴、實用之處，但是，認為所有資訊都對孩子有益，這樣的想法過於輕率，也很危險。走上別人都走的路，可能會讓孩子失去自己獨特的色彩。

韓國的孩子在學鋼琴時，總是以「學到了徹爾尼的第幾首」為標準。但在英國，孩子們學鋼琴時不會提到拜爾、徹爾尼的進度，而是練習自己喜歡的歌曲、作曲家和音樂家。**我們需要把注意力集中在孩子們從學習中獲得的樂趣，而非學習的結果。**

最近大家對性格類型很感興趣，有些人甚至以詢問ＭＢＴＩ來取代問候語。很明顯地，這是一個可以輕鬆快速了解他人的好方法，但實際上，從心理學角度來看，性格很難被視為固定不變的特質，簡易的ＭＢＴＩ測驗存在對性格過度概括化的疑慮。性格是不固定的，它會根據情況、環境和經驗的不同而不斷改變，所以人的性格更像是一個不斷變化的光譜，而非一個固定值，性格甚至可能隨著時間流逝而完全改變。ＭＢＴＩ以過於簡便的方式定義人的性格，讓人們透過貼標籤的方式來預測或判斷自己和他人的行動。程式設計師兼企業家保羅．格雷厄姆（Paul Graham）曾說：「貼在自己身上的標籤越多，就會變得越愚蠢。」家長在對待孩子時，應該努力關注孩子本身。家長需要練習避免使用「因為是女生」、「因為是男生」、「因為個性害羞」、「因為注意力很難集中」等描述方式，**尤其是在他人面前介紹孩子時，儘可能別讓孩子聽見對於自己的標籤型描述，以免孩子自小就被這些框架困住了。**

此外，我一直很想知道「智商」到底有什麼意義。孩子們在學校進行的智力測驗中，如果得到低智商的結果，就會變得意志消沉；如果得到高智商的結果，則會變得意洋洋。智商會受運氣、狀態和年紀所影響，一想到孩子的可能性和潛力，竟然被一個數字而左右，就令我十分頭痛。我有個朋友，他接到孩子國中班導師的聯絡，得知孩子是全校智商最高的，但他並沒有告訴孩子，因為他覺得那可能會改變孩子的生活態度。後來，那個孩子在高中接受的智力測驗中拿到平均分數。我的朋友說，幸好沒讓孩子因為自己國中時的智商產生虛榮心。

英國沒有這種測驗。我在智力測驗中，看見大人想預先為孩子能力排名的意圖。智商高的孩子被稱為英才，很多家長都想把自己的孩子培養成英才。反之，英國對英才教育不感興趣，深怕給孩子貼上「英才」、「天才」等標籤，可能造成孩子很大的壓力，讓孩子為了符合英才或天才的標準，而去壓抑自己奇特的想像或行為。這一條路會讓真正的英才或天才，變成困在框架裡的傻瓜。

知人知面不知心，自己的內心很難了解，別人的內心更是難以捉摸，孩子也是一樣。身兼小兒精神科醫師、延世大學教授的千槿雅表示，近來到醫院就診的孩子大幅增加。也就是說，最近越來越多家長，只要自己孩子和別人稍微不一樣，就認為孩子出了問題。也有很多情況是，家長看到孩子的行為後，就先斷定是罹患哪種疾病。對於這種已經戴上有色眼鏡的家長，很難說服他們以另一種視角看待孩子，因為他們會先用制定好的框架來解釋孩子的所有話語和行動。

讓我們試著接受孩子原本的想法和情緒吧。不因為我是家長，就認定自己了解孩子的一切。為了讓孩子能夠說出內心的聲音，讓我們打破對孩子的所有框架和成見，主動向孩子走近一步。

選擇「站遠一點」的英國家長們

剛來英國生活的時候，我的住家附近有一座橋，那座彎曲的橋又窄又長，只能騎腳踏車或步行通過。有一天，我走在那座橋上，看見一個3歲左右的孩子，拖著一輛沒有腳踏板的兒童滑步車，氣喘吁吁地爬坡。雖然他戴著安全帽，但下坡對孩子來說，看起來還是很危險。我一看到他的樣子，便不自覺地說出：「再這樣下去，他會在下坡的時候跌倒吧。」

環顧四周，我在離孩子不到幾步的地方看到了他的家長。家長和焦慮的我不同，只是一邊看著孩子，一邊悠閒地走著。孩子終於走到橋的最頂端，不久開始進入下坡，原本還算順利的孩子最後衝得太快，在橋的盡頭摔倒了。結果那位家長卻只是以原本的速度一步步走了過來，等待孩子自己站起來，然後幫忙扶起腳踏車，孩子也完全沒有哭，再次坐上腳踏車，若無其事地繼續前進。

雖然整個過程的時間很短，卻深刻留在我的記憶中。在那之後，我也經常在社區大大小小的公園裡看到騎著腳踏車的孩子們。他們摔倒，接著站起來，再摔倒，又再站起來，用全身來體會並學習騎腳踏車的方法，家長們不會說「小心」、「那樣會受傷」、「那樣會摔倒」之類的話，就算孩子們摔倒了長似乎也不以為意，只是在遠處守候。我原本一直用擔心的眼光注視著孩子們，但現在也開始覺得那些透過一次次身體碰撞，從中學會騎腳踏車的孩子們，很了不起。

仔細想想，孩子們騎著速度不快的兒童腳踏車摔倒，並不是什麼大事，而且也很難一開始就很會騎腳踏車，不可能一次都不曾摔倒。小時候有多次摔倒的經驗，反而能預防以後騎更大、更快的腳踏車時發生更大的危險。**家長過分擔心的表情和語氣，會讓孩子們害怕，認為發生了比實際情況更嚴重的事情，孩子會因為擔心摔倒，沒有勇氣再次踩上腳踏車踏板。**

這適用於孩子人生中迎接的所有第一次。不管學什麼，一開始都會不熟悉或者做錯。不要提前戰戰兢兢，並期待孩子毫無阻礙地學習。我們必須自然地告訴孩子們，失誤是理所當然的。我們可以將裝了半杯的茶視為裝滿半杯的茶，也可以視為只有半杯的茶。家長看待失誤的觀點會轉移到孩子身上，孩子能否具備比他人更輕易擺脫挫折的心態，取決於家長。當然，這件事並不容易，但讓我們開始培養當孩子摔倒時，等待他們自己站起來的耐心吧。

美國的思想家愛默生（Ralph Waldo Emerson）表示：「我們最大的光榮不在於從不失敗，而在於每次失敗都會再站起來。（Our greatest glory is not in never failing, but in rising up every time we fail.）」人生在世，大部分事情都不會照我們的預設發展，也許正因為如此，很多家長都在不斷努力讓孩子活在舒適圈裡，盡量避免失敗、摔倒和受傷。但是反覆克服失敗再站起來的人，才能獲得真正具有價值的東西，為了避免孩子以後碰到人生考驗時輕易崩潰，應該讓他們從小開始多多練習出錯和跌倒。

95%的失敗者不是真的失敗，只是在中途放棄了。愛迪生在發明出燈泡前失敗了147次，萊特兄弟在飛行成功前失敗了805次，這代表他們各自重新站起來147次和805次。失敗是為了下一次嘗試的學習。**失敗的心也需要肌肉，就像我們會透過運動來鍛鍊肌肉一樣，但這並不代表可以對孩子說：「這又沒什麼大不了，你幹嘛那樣？」、「快點再試一次！」**像這樣嘲諷或催促孩子。出錯或跌倒的孩子其實比任何人都還要傷心，家長首先應該要展現同理心，光是做到這一點，孩子就可以撫平傷心的情緒，用輕鬆的心情接受失敗。讓我們為努力重新站起來的孩子加油吧。此外，家長當然也要在這個過程中鍛鍊耐心肌肉。

為孩子準備點燃「學習動機」的柴火

你知道，你的孩子喜歡什麼嗎？

英國教育家理查．穆卡斯特（Richard Mulcaster）針對教育曾這麼說過：「大自然引導孩子按照與生俱來的傾向成長，但教育幫助孩子綻放自己與生俱來的能力。（Nature makes the boy toward; nurture sees him forward）」

每個孩子都是獨一無二的。平時我對這個事實並沒有什麼感覺，但只要走進一間擠滿孩子們的教室，就會馬上意識到這一點。最重要的是，孩子們都有各自與生俱來的「才能」。有的孩子喜歡玩文字或單字遊戲、有的喜歡唱歌、有的擅長整理、有的喜歡畫畫、有的喜歡數字、有的喜歡逗朋友笑，每個人都不一樣。家長要和孩子們一起做的就是，探索孩子的興趣和適合做的事，並且幫助他們發揮與生俱來的才能。

和探索教育正好相反的，就是重視「平均」和「排名」的教育。學校會算出所有科目的平均分數，並以此為準，從全校第一名排到最後一名。在重視平均分數的系統中，「會讀書」代表所有科目都要很在行。因此，**即使有擅長的科目，學生們也會想盡辦法提高不擅長科目的分數，而非專注在擅長的科目上，努力學習不感興趣的科目是一件很辛苦的事情**。此外，在排名系統中，要求學生和同時是競爭者的朋友們相處融洽，也是一件很殘酷的事情。這可能就是為何在學園電視劇中，全校第一名和第二名的激烈競爭成了屢見不鮮的題材。

英國的學校沒有平均和排名的概念，不僅是小學，國高中也是如此。孩子們選擇自己想聽的科目來聽，因為每個人喜歡和擅長的事情不同，孩子們沒有必要硬著頭皮去聽自己不擅長或不喜歡的科目，也沒有必要為了得到優秀的成績而終日埋頭苦讀。如果他們願意，還可以接受深度教育。在所有人都學習不同科目的系統中，計算平均分數和排名既不可能，也沒有意義，朋友們也不會搖身一變成為競爭對手。

前面我們談到龜兔賽跑、螞蟻和蚱蜢的故事。仔細想想，兔子和烏龜透過競賽分出勝負，以及螞蟻和蚱蜢各別自食其力的情況，本來就不是最理想的情況，因為每個人與生俱來的能力不同，擅長的事情也不同。未來，我們的孩子更應該具備和各式各樣的人和諧相處的能力。

不妨給孩子更多在學校科目以外展現才能的機會，以我的小女兒潔西為例，她還在念小學，喜歡看漫畫，也喜歡自己創作漫畫，因此她和兩個好朋友一起在學校自主成立了漫畫社，以每週聚會一次的頻率運作了好幾年。聽說不久前小學一年級的孩子們去參觀了社團，她向新生們展示作品，還向他們說明具體的活動內容。這一切都是我那個喜歡編故事和畫畫的女兒，以及她的朋友們靠自己完成的，身為家長的我只有傾聽孩子在這個過程中所經歷的事情。

實際上，我們是否擅長做所有的事情，這件事並不重要。找到擅長並喜歡做的那件事，才是更重要的。平均和排名的概念對於嬰兒潮世代有用，是因為當時需要許多各方面表現平均的人，而非只特別擅長某一件事。為此，才使用了無止盡競爭的手段，認為獲勝的人才算成功。然而，在人口懸崖已成為現實的社會，讓大家互相競爭至筋疲力竭，究竟可以帶給誰幸福、可以改善誰的生活呢？現在，家長應該幫助孩子找到適合自己的杯子並填滿它。

家庭常規與好習慣的神奇力量

通常十歲前是觀察周遭世界的時期，同時也是形成習慣的時期。家長讓孩子養成什麼樣的生活習慣和建立什麼樣的常規，真的非常重要。但常規的建立，並不是為了要控制孩子，**當孩子們有適當的每日常規時，他們的心裡會產生安定感，不會因為壓力而陷入焦慮**。回想看看，身為家長的我們，在聽著不知何時才會結束的報告時，在觀看冗長無聊的電影時，是不是也會覺得很鬱悶呢？但是，標示了頁數的簡報畫面、學校提供的作息時間表等，這些可預測的事物能夠為我們帶來安定感，孩子們也需要這種機制。

有一名老師在英國教四、五歲的孩子韓文。當孩子們因為不知道何時能回家、感到無聊疲憊的時候，這位老師就會和孩子們一起討論那天上課的日程安排，孩子們會因此變得非常積極。孩子們似乎覺得反覆確認日程和任務，並將它們一一完成非常有趣。孩子們可以帶著好奇心提前思考一下，今天要學什麼新事物呢？要讀什麼故事書呢？要做什麼手作活動呢？孩子們透過這個過程，可以在做好心理準備的狀態下走進教室。

雖然上述例子偏向比較密集的時間規劃，而非日常習慣或常規，但在家庭中，我們可以用一個星期為單位，設計一個比較鬆散且簡單的兒童常規，孩子對常規往往會抱持好奇心和期待感。但我不推薦要求孩子過度守時，例如遵守以分鐘為單位的時間表。生活常規需要符合孩子的生活節奏，以更大的單位來安排。

養成習慣和制訂常規並不困難。例如，每個星期六早上，爸爸會做美味的鬆餅，這是我們家的常規。雖然我們夫妻倆通常週末也很忙，但星期六早上無論颳風下雨，爸爸都會做鬆餅，這是我們家兩個孩子從很小的時候就很清楚的家庭常規和傳統。吃完鬆餅後，我們會一起學習聖經，孩子們會把從聖經中學到的東西用圖畫和文字表現出來，最後會像左圖一樣分享圖畫和文字。

我們家會在星期五晚上一起看電影，孩子們把這段時間叫做「電影之夜」。當然，電影是由我們家四個人討論後挑選的，我會準備要在看電影時吃的爆米花。每天早上在孩子們上學前，我們全家會聚在一起，四個人輪流發言，分享那

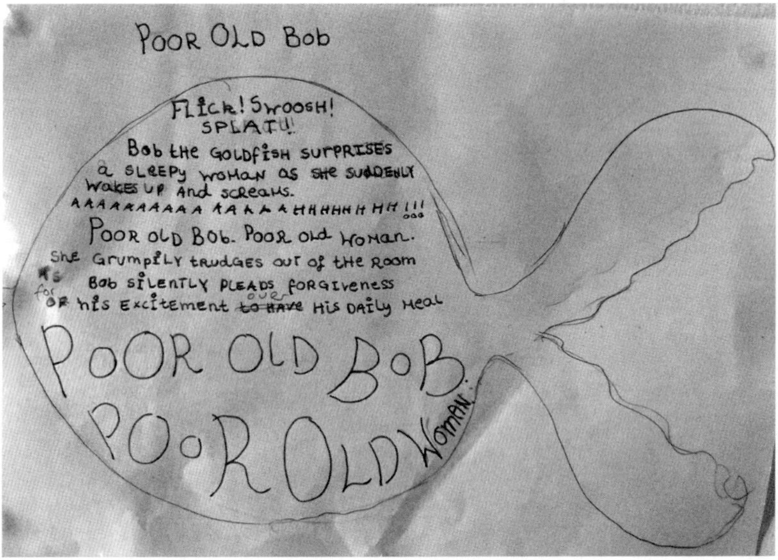
POOR OLD Bob
FLICK! SWOOSH! SPLAT!!
Bob the Goldfish surprises a sleepy woman as she suddenly wakes up and screams.
AAAAAAAAAA AAAAAHHHHHHHHH!!!
Poor old Bob. Poor old woman.
She grumpily trudges out of the room
As Bob silently pleads forgiveness
for his excitement over his daily meal
POOR OLD BOB.
POOR OLD WOMAN.

❖ 大女兒莎拉在讀書後用文字和圖畫把感受記錄下來。讓孩子不必拘泥任何形式，自由地表達。

天要做的事情。雖然只有十分鐘左右，但對我們家來說，這十分鐘是一年365天不斷重複的日常常規。透過這十分鐘，孩子能了解我們的一天，我們也能了解孩子的一天。

教導孩子們養成好習慣也很重要。我們夫妻倆想培養孩子們記錄的習慣，所以從小時候就鼓勵她們看書或去博物館後，用圖畫記錄下來，等識字後則改成寫筆記。此時，有沒有寫對字並不成問題，因為我們認為寫筆記的習慣本身更為重要。

艾薩克．牛頓的童年很悲慘，他是一個才七個月大就出生的早產兒，父親在他出生前就去世了，母親在嬰兒時期拋棄了他，由外婆撫養長大。因為家境貧困，他甚至沒辦法好好接受基礎教育，有人還說他是個低能兒。牛頓在舅舅的幫助下，從十二歲開始在公立學校讀書。他把讀書學到的東西整理在筆記本上，並加以驗證，把知識完全變成自己的。牛頓是個筆記狂，他的天才是透過這種自學的方式所形成。重力和運動定律等偉大的發現，就是從寫筆記這個小習慣延伸而出的成果。

記憶力研究表明，學習能力和記憶力與海馬迴的大小密切相關。記憶力訓練可以促進突觸形成，重新生成神經細胞和血管，擴展大腦的連結，也是鍛鍊海馬迴「記憶肌肉」的訓練，而提高記憶力的方法之一就是寫筆記。

最重要的是，絕對不能為了建立常規或養成習慣而過於勉強自己。不要在圓餅圖上制定周密的時間表，並按照此計畫行動。我們應該擺脫必須充分運用時間的壓力，想想孩子可以和家長「一起」同樂的事情。例如，在整個星期內仔細規劃星期五晚上什麼時間、要看什麼電影。感受電影時間的爆米花香氣、星期六早上吃的鬆餅味道、翻書的觸感，以及和家人聊天的畫面，這些回憶將成為孩子們今後精力充沛生活的基礎，形成他們內在的安定感。

好奇心是激發學習感的火苗

「孩子的心不是大人用來填滿的容器，大人應該透過賦予動機，點燃孩子們內心的能力和熱情。（A child's mind is not a vessel to be filled but a fire to be kindled.）」英國名校希爾豪斯學校的創辦人史都華．湯恩（Stuart Townend），轉述了希臘哲學家普魯塔克（Plutarch）的這段名言。

「school」這個詞本來源於希臘語「schole」，意思是「自由的、自主決定的活動方式」。「自我決定論」主張，正向的教育環境可以維持和刺激孩子們天生的好奇心和學習動機，而且應當減少對學習進行外部控制的必要性。最近的孩子們似乎從小就暴露在太多的學習元素中，因而受到刺激。然而，孩子的學習動機可能會因為家長的過度關心或支持而大幅降低。

關於讓孩子自主學習的方法，家長們通常都很感興趣，但是**孩子的自主性並不會因為家長催促或壓迫就出現。家長的角色，是幫助孩子不失去對於知識的好奇心，不要讓重要的學習動機火苗熄滅。**也就是說，為了讓孩子們自主燃燒熱情，家長只需要提供最基本的柴火。

諾貝爾獎的大多數得獎者，都是透過自主學習、慢慢入門而成長的人。眾所皆知，愛因斯坦學習語言的速度比別人慢，在學校的成績也不好，甚至在一八九五年，學校校長在他的生活紀錄簿寫下：「他永遠不會有所成就。（He will never amount to anything.）」寄到他家。這句話意味著這個孩子實在是太笨了，未來什麼也做不了。由於愛因斯坦當時年紀太小，看不懂那封信，他的母親一邊流淚，一邊轉化了這封信的內容。母親告訴他，因為他實在太聰明了，所以學校再也教不了他。此後，他的母親為了親自教導他，走進了書店。多年後，愛因斯坦在母親去世後才真正看到了當初校長寄來的那封信。愛因斯坦五歲時，父親送給了他一個指南針。後來，愛因斯坦才意識到，這個指南針在激發他的科學好奇心方面，扮演了多麼重要的角色。如果說，母親給愛因斯坦的愛是對他深深的信任，那麼父親給的愛就是點燃他充沛好奇的火花。

我曾經聽過一個學生的故事，他在小學時，和父親一起看完電影《哈利波特》後，偶然在書局買了《哈利波特》的原文書，因而開始努力學習英文。他抱持著就算只是提前幾個星期，也想在翻譯書上市前搶先讀到最新一集的心情，甚至比對原文書和後來翻譯的版本獨自學習。後來，他在最後一集翻譯書出版前，就已經可以自己閱讀原文書了。他讀著《哈利波特》的原文書，自然而然產生了到英國留學的念頭，最後在大學畢業後，實現了這個夢想。和家長一起看的一部電影、一起在書局買的一本書，不僅刺激了一個孩子對英文的學習動機，還點燃了未來學習的火苗。

試想一下，有什麼禮物可以刺激孩子對知識的好奇和興趣呢？例如，我的大女兒莎拉很喜歡手工藝，我們夫妻倆在幾年前下了很大的決心，買了台縫紉機給她當作生日禮物。去年聖誕節時，她親手做了一頂帽子送給我；現在十四歲的她，正在用這台縫紉機製作自己設計的韓服。一台縫紉機，就能讓孩子盡情表現她的創作欲望。在這個過程中，我們所做的就是好好觀察孩子的興趣傾向，並以此和孩子溝通、對話，然後繼續思考孩子會喜歡的事物，為他們默默準備柴火。

現在最能引起孩子好奇心的東西是什麼呢？好好觀察孩子後，在生日、兒童節或聖誕節等特別的日子裡，送孩子一份驚喜吧。孩子會非常珍視吻合自己興趣的禮物。長大後回想起來，那些看起來不怎麼厲害的禮物，或許曾經在孩子的心中點燃巨大的火花。

10歲以前，別把孩子關在書桌前

在美術館裡畫畫的孩子

很多家長都希望孩子端正地坐在書桌前，好好熟讀書裡的內容，並且不斷確認孩子是否確實記在腦中。「效率」是韓國教育的一大強項，在二〇一六年播出的BBC紀錄片《交換學校（School Swap）》中，韓國學生只花十五分鐘就答完了預計要花一個小時的數學考試，一度成為話題。

相較之下，英國學校甚至在背九九乘法表時，也鼓勵學生自主學習，而非依賴背誦。因此，學生在學習運算等技巧時很沒有效率，為了改善這個情況，最近英國許多教育財團也開始嘗試背誦的教育方法。然而，擅長背誦的韓國數學教育，現在卻陷入了進退維谷的狀況，甚至出現了「放棄數學者」一詞，這是其他國家前所未見的現象，為什麼呢？

依靠死記硬背和考試的學習效果是很有限的，真正激勵孩子學習感的關鍵動力是探索力。年紀越小，越應該培養探索力，而非解題的技巧。

培養探索力的第一步就是觀察。家長多半認為孩子只要離開書桌，就不是在學習，除了坐在書桌前以外的其他行為都是「別的事情」。但是，孩子會在做「別的事情」中，充分地培養探索力，尤其是在接觸大自然時，孩子會透過五感來觀察、練習發現新的事物。在這個過程中感受過驚奇的孩子，未來也會在間接的學習經驗中，努力找尋同樣的驚奇。

但如果當孩子缺乏直接、充分的觀察經驗，就很難產生屬於自己的想法或感受，因此，對於別人提出來的想法只能照單全收，他們會透過不停背誦，來掩蓋個人想法的貧乏。在這種情況下，很難培養批判性思考的能力。

我先生也在牛津大學任教，而他教的是美術，他說在美術館偶爾會遇到一些亞洲臉孔，這些人有一些共同特徵，那就是在欣賞畫作前，會先專注閱讀作品旁的說明卡，仿佛是在整理自己對作品的想法之前，先透過他人的想法和邏輯來欣賞作品。似乎沒有任何輸入，我們就無法找到可以表達自己想法的材料。

如果可以將我們觀察與接收來自周遭資訊的能力，想像為一個受體，那麼這個受體在童年時期最為敏感。我們需要幫助孩子保持受體的敏感度，避免受體被困在書桌前。我發現，英國的博物館或美術館裡，總是可以看到孩子們在喜歡的作品前趴著或坐著的景象。他們會帶著自己的素描本或筆記本來畫畫，不是只匆匆看一眼，而是會在畫作前度過數十分鐘。

閱讀能力也有賴充分的觀察。二〇二一年，韓國公共教育電視台EBS播出的一部紀錄片《你的閱讀理解能力（暫譯）》中，有一個追蹤家長為孩子們念繪本時，家長和孩子的視線看向哪裡的實驗。結果顯示，大人的視線落在書上的字，專注於把書上文字好好唸出來。反之，孩子則忙於觀看書中的圖畫。此外，大人直接以自己閱讀的速度唸出書裡的文字，沒有給予孩子好好「看書的時間」。當這種狀況反覆發生，孩子就會覺得閱讀很無趣。**當大人和孩子們一起讀書時，也應該一起仔細觀察書的每個角落，了解書裡有什麼圖畫、誰在做什麼表情、書頁角落裡藏著什麼。**即使在薄薄的繪本裡，孩子們也能觀察到很多事物。我們應該幫助孩子盡情發揮他們已經具備的觀察力。

語言學家喬姆斯基也表示，語言分析包括觀察、記述（記錄）和說明三個階段，而觀察和記述優先於說明。想要好好說明，得先好好觀察；沒有觀察，就無法記述，更無法說明。我們必須親手觸碰、親眼觀看，並投入時間來觀察變化。在觀察階段，需要依賴感官。對於孩子們來說，觸摸、觀看、嗅聞、品嚐和搓揉等行為都是觀察的方法。當觀察得太淺略，就無法記述和說明，也無法產生新的發明和發現。孩子要熟悉某個事物，與之愉快相處，最終才能產生喜愛之情。儘管觀察需要很長的時間，但家長的角色就是等待孩子。

鄰居六歲小孩葛瑞絲來我們家玩的時候，也會帶著數學習題，雖然受到大人的稱讚應該也讓她開心，但她似乎真的很喜歡數學，葛瑞絲的媽媽說，她從小就喜歡用數字玩遊戲。此外，我女兒的另一個朋友簡直是恐龍博士，他幾乎擁有所有的恐龍玩具，對於恐龍無所不知。如果帶那位孩子去博物館，他就只會跑去看恐龍。喜歡恐龍的人未必以後都會成為恐龍博士，同樣地，喜歡數學的人不代表以後都會成為數學家，然而，孩子們可以透過這個過程感受到熱情。未來他們長大後遇到喜愛的事，依然可以再次投入其中。為了讓孩子有機會對喜愛的事物產生熱情，我們應該給予足夠的時間與空間，讓他們能盡情觀察和享受。

不運動的孩子，頭腦會當機

教育學領域中，有兩位提出認知發展論的著名學者，分別是皮亞傑和維高斯基，他們不約而同強調了遊戲在孩子學習過程中的重要性。皮亞傑強調，知識是在學習的「過程」所形成，而非學習的「結果」。皮亞傑的理論將認知發展分成四個階段，第一是感覺動作期，孩子透過探索周遭環境和自己的身體來學習。第二是前運思期，孩子利用視覺形象和符號組織並表達想法。第三是具體運思期，孩子會形成抽象的概念和思考。最後是形式運思期，孩子在這個階段能夠透過複雜的推理來解決問題。皮亞傑的理論很重視這些過程，孩子們會藉由這些階段，基於環境和經驗自行學習並發展。

維高斯基認為認知能力是透過社會的相互作用發展而成。根據他的理論，孩子們對世界的了解，主要來自於與他人合作的結果。對於孩子們而言，大人或同齡人的行動和言語會成為鷹架，也就是成長的跳板。在這個背景下「我們透過他人成為自己。（Through others we become ourselves）」。皮亞傑和維高斯基的理論，共同強調了與周圍環境的相互作用。皮亞傑強調了與物理環境的相互作用，而維高斯基強調了孩子和大人之間的社會關係。而這些互動都可以藉由一種活動來達成，那就是遊戲。

遊戲對孩子們大腦的發育非常重要，孩子們可以透過學習遊戲和發展身體，強化認知、社會與情緒方面的能力。此外，遊戲還可以培養問題解決能力、創意思考、溝通能力。具體而言，**遊戲會刺激大腦神經元的連接，這對於學習和發育非常關鍵。此外，遊戲也能促進大腦的執行功能（executive function），進而提高我們計畫、組織和決策的能力。**在遊戲過程中接觸到新的詞彙表達、概念和豐富的語言脈絡，可以促進孩子們的語言發展。而且在遊戲中，孩子透過與他人互動的經驗，可以培養共感力、自制力、合作精神等社會和情感上所需的能力。

英國有為了他裔家庭子女成立的語言學校，以韓語學校來說，課程通常在每週六上午。教室裡只有向社區教會借來的書桌、椅子，以大人眼光來看並不是很好的學習環境。儘管如此，四、五歲的孩子們依然能在那個空間裡創造屬於自己的遊戲。他們會利用天藍色的牆面玩游泳池遊戲，下雪時閱讀相關的書籍，或者突然打起透明雪仗。他們把教室裡的椅子排成一排，開始玩起角色扮演的火車遊戲，怪物遊戲更是必不可少。過程中，老師的工作就只是和他們一起開心玩耍。孩子們不停發揮創意，持續創造新遊戲，此時，語言的障礙並不是問題，孩子們會混合使用韓文和英文，在課堂上不常用韓文的孩子，以及不常用英文的孩子，都能自然地相處和溝通。因為玩耍最有趣了，就算老師沒有特別規定，孩子們也會自己訂定規則、分配角色，然後使用相應的語言交流。遊戲中很常運用邏輯思考，也有需要用到數學、科學概念的時候，學習就這樣自然而然融入其中。

對孩子們而言，有意義的學習必然來自快樂。快樂是讓人持續學習的最大因素，趣味則是最簡單的激勵方法，這對成人來說也一樣。覺得有趣的事情，就算沒有人命令也會想繼續做下去。最重要的是，有趣的事情才會長久留在記憶中。因為實際上，情緒和想法是相連的。在我們的大腦中有海馬迴和杏仁核，是負責記憶的兩個相鄰區域。當我們對某事物產生愉悅的情緒時，杏仁核會將這個訊息傳遞給海馬迴，而海馬迴會將這樣的訊息判斷為重要訊息，這使得我們更容易記住喜歡的事物，更容易把有趣的事情做得更好。

遊戲之所以重要的另一個原因，是為了形成健康的身體，而健康的身體蘊藏著健康的心靈。因此在孩子還小的時候，就要讓孩子盡量活動身體、刺激感官體驗。活躍的身體、健康的飲食、適當的睡眠時間，以及與大自然的互動有助於孩子們的認知、學習和提升幸福感。北歐國家的小學和中學教育享譽世界，其中與大自然交流的戶外活動，被視為必不可少的部分。戶外遊戲可以培養孩子們對自然環境的正向態度。在戶外活動身體有助孩子建立社會歸屬感，進而發展團隊合作能力、形成健全的人格。

在以成績至上的國家，傾向把體育和學習分隔開來，身體上的活動往往被忽視。回顧我的高中時期，高一時，一個星期只有一小時體育課，到了高三時，連那一小時都消失了。早上八點到晚上九點完全沒有體育課，那麼長的時間都坐在書桌前讀書。明明透過活動身體能學習到的東西也很多，但體育課經常被視為浪費時間。在學校吃完三個便當，每天坐超過十個小時，就是我十八歲的青少年時期。當時我深受胃潰瘍之苦，除了我以外，還有很多同學都在吃胃藥撐下去。

雖然如此，韓國教育並非只存在問題，學生時期可以學到的東西也很多，尤其是我學會了完成一件事所需要的耐心、毅力和自制力，這些可能是英國教育所缺乏的。然而，那段學生時期的經歷，導致我成年後沒能把運動當成興趣。雖然我也認為人應該一直保持運動習慣，但我卻一次都沒有好好實踐，直到最近才開始游泳。

讓孩子們把運動當成興趣，幫助他們成為擁有健康身心靈的人吧。英國孩子從小就開始學習足球、網球、曲棍球和游泳等各種運動，進而產生興趣和愛好。我們家孩子每次放寒暑假時，都會和朋友們打網球，結束後，他們會在網球場前一起吃三明治再回家。有很多學生即使在成為大學生、研究生後，也依然將運動當成生活的一部分。就算是在忙碌的考試期間，或在寫論文的重要時期，他們也會從清晨開始接受好幾小時的划船訓練、在傍晚慢跑或在週末打籃球賽。從小累積的能量對學習也很有助益，尤其是對十歲以前的孩子們來說，身體上的學習十分關鍵。待在書桌前的學習，從十歲之後開始也還綽綽有餘。

孩子們踴躍參與的閱讀日

每年三月的第一個星期四是「世界閱讀日（World Book Day）」。這天，喜愛閱讀的人們會分享對書籍的熱愛（聯合國教科文組織訂定的「世界圖書與版權日」是四月二十三日，但英國和愛爾蘭會在三月的第一個星期四舉辦「世界閱讀日」慈善活動）。學校舉辦很多活動，老師們都會積極參與。那天，我們家孩子的學校校長還扮成貓咪在校門口跳舞迎接學生，這是為了鼓勵孩子們閱讀的活動之一。孩子們也會為了響應老師，積極分享自己閱讀的書籍和閱讀心得。孩子們在感到自在和愉悅的時候，就會願意大方表達出來，因此，若想提升表達能力，老師和家長需要站在和孩子們相同的視角，形成可以分享快樂的文化。

英國的孩子很早就開始與學校老師等大人互動。因為無法要求孩子配合大人的思維，因此必須由大人先配合孩子的節奏。但是在壓抑的亞洲國家，孩子們只能單方面接受老師或家長說的話，這種文化有很大的問題，因為這阻擋了孩子表達的欲望。我剛開始來英國留學時，也曾因為這種習慣，很難和教授或其他同學對話。**我們應該教導孩子在自由對話的同時，保持對他人尊敬的態度，而非在壓抑他們的同時，要求他們尊敬大人。**

在國外，亞洲學生經常因為不敢提問而遭到誤會，而在英國大學的教室裡，學生們在上課途中也會自由舉手發問，就連一些被認為過於基礎、沒有必要問的問題，他們也不會在意他人眼光，盡情提問。然而，那些問題會透過教授的回答、其他學生的參與，進一步擴展成另一個層次的討論。如果把對問題的好奇心憋在心裡，就失去了經由他人統整自己想法的機會。在提問過程中，想法很可能得到發展或產生新的方向，不僅賦予他人靈感，自己也獲得新啟發，甚至學習到一開始沒預料過的東西，自己的思維也能有所成長，這對學業表現和內在成就感都有很大的影響。

對孩子們來說，表達內在情緒和邏輯性表達意見，是同等重要的。如果孩子沒有機會表達情緒，在學習過程始終懷抱著不安，很難得到健康的學習效果。無論孩子的情緒是正面還是負面，都需要讓他們練習仔細觀察自己，並表達出來，最後則練習管理情緒。孩子沒有細膩表達出來的情緒，會不知不覺凝聚在一塊，可能會引起情緒爆發。孩子沒有及時被表達並壓抑在心裡的情緒，可能會引發負面行為。如果孩子年紀還小，很難透過話語表達，也可以利用情緒卡片來引導。

家長需要教導孩子如何適當分享並應對情緒，而不是將悲傷等情緒藏起來。我家孩子的爺爺和外公，在她們小時候就去世了，我們夫妻倆告訴孩子們爺爺生病了，並在爺爺去世前一天，讓孩子們和爺爺做了最後的道別。孩子們會透過家長面對負面情緒的成熟態度，學習管理情緒的方法。

【立刻和孩子一起練習】學習感UP！

❖ **讓孩子盡情提問吧。**提問是學習的開始，提問能夠讓孩子多加思考與成長，不要讓孩子壓抑自己天生的好奇心。

❖ **請觀察看看孩子是怎麼玩耍的。**孩子為什麼喜歡玩那個遊戲？孩子有什麼樣的情緒？馬上問問孩子，傾聽他們觀察世界的方式吧。

❖ **孩子的自主性與家長的嘮叨度成反比。**請給孩子充裕的時間嘗試和犯錯。常聽家長叨念的孩子容易害怕挑戰。孩子失敗的時候，更需要的是支持和鼓勵。

❖ **請不要對孩子說「你錯了」**；也請不要對孩子說「你連這個都不知道嗎？」而是應該說「原來你是那麼想的。」不要讓孩子害怕向家長表達意見。

❖ **禁止使用威脅式的語言。**「我跟你說過什麼？我有叫你不要做吧！你又不聽話去玩遊戲了？真受不了你！」威脅式溝通會讓孩子害怕家長。如果有要傳達的訊息，在家長和孩子的情緒都緩和下來時，再冷靜地溝通吧。

❖ **以孩子們想做的事為核心，以一季為單位來擬訂計畫。**以小時為單位的時間表太過緊密了，會讓孩子感到焦急。因此，請以更大的單位來擬訂計畫，例如：今天想做的事、這個週末想做的事、這次寒暑假想做的事等。

❖ **想想什麼樣的禮物可以激發孩子的好奇心，**藉此點燃孩子的學習感吧！

❖ **請讓孩子體驗大自然。孩子們就像海綿一樣，會吸收周圍環境的刺激。**去公園郊遊，或者露營、農場等，去哪裡都可以，安排讓孩子體驗大自然的機會吧。

❖ **千萬別和鄰居家的小孩相比較。**比較不是在給予孩子刺激，而是在給予傷害。請理解孩子們都想成為爸媽眼裡第一名的心理。

CHAPTER 02

語言感：樂在其中，比正確答案更重要

英國的茶點時間有幾個禮儀。首先，不能對滾燙的茶水大力吹氣，也不能在飲用時發出吸吮聲，至於喝得咕嚕咕嚕的聲音，更是不被容許的。保持身體挺直端正，把杯子端到嘴邊，每喝完一口就放下杯子。如同羅馬法是羅馬法律的語言一樣，禮儀是茶點時間的語言。作為國際通用語言的英語，也要視情況和對象使用，這是社交上的體貼。因此，孩子學習英文的過程，也可以說是在學習全球通用的禮儀。

孩子學習語言的過程，令人感到驚奇。即使沒有人要求，孩子也能學會如何與最親近、最珍惜的人溝通和說話。由於家庭環境，自然而然就能掌握兩、三種語言的孩子，也大有人在。語言為孩子未來的學習和生活奠定了穩固的基礎，孩子透過母語交流想法和情緒，從中成長並學習新知識。所以，說語言是所有學習的起點也並不為過。

我在英國生活了二十年，包含學習語言學與授課。此外，我也是一個每天使用英、韓雙語的兩個孩子的母親。在這期間，不論直接或間接，我聽到了許多身邊有關韓語和英文教育的討論，讓我感到很鬱悶。雖然從國家的角度出發，韓國對英文教育的投資不亞於任何國家，但韓國的英文教育是否朝著正確的方向發展，仍是一個疑問。

我得先提一個大前提。如果想讓孩子們在英語學習上取得最大的效果，就不應該將孩子視為參加英文檢定考試並接受評分的對象，這一點非常重要。英語是世界通用的語言，是可以和他人進行基本溝通的工具，**如果總是意識到自己溝通的方式會被逐字逐句評分，自然會受到壓抑**。這種壓迫感對孩子來說尤其大。**想**

要提升孩子們的英文能力，就應該讓他們毫無壓力、快樂地接觸英文。

最近，為了讓孩子在更小的年紀接觸英語，很多人會把孩子送到重視英語幼稚園。身為語言學家，我認為「何時」接觸英語並不重要，「如何」接觸更為重要。如同英語幼稚園般過度沉浸的外語教學模式，反而會增加孩子們對外語的焦慮感。即使從全球來看，韓國兒童的外語恐懼症也是最為嚴重的。對新語言的焦慮感，也可能延伸成對所有學習的焦慮感。

根據至今為止雙語教育的許多研究結果，如果孩子們快樂地接觸外語，不僅對教育成果有益，對情緒發展和社會發展也有相當正面的作用。英文教育的關鍵是讓孩子們把英文當作有趣的語言，並從聽和說當中感受到樂趣。在此過程中重要的是，不要排斥母語，並且學習如何協調使用母語和英文，這同樣適用於英文以外的語言。身處地球村的世代，我們注定要和使用各式各樣語言的人相處，對於語言和文化的開放態度，是未來孩子必不可少的能力。

全英語環境是必要的嗎？

英語要說得像「母語者」一樣好？

英文不單單只是一門語言，同時也是我們和世界接軌的媒介。即使在非英語系國家旅行，如果會使用英文，大致上也能通行無礙。我在參加非英語系國家所舉行的學會時，也感受到了只要會英文就可以和人們交流。英文能力可以擴大我們生活的舞台，擺脫井底之蛙的身分，成為能與全球接軌的知識分子。新冠疫情加快了數位化，世界反而比以前更加緊密。英文教育在世界各地都是熱門話題。

多數人似乎一輩子都在對抗學英文的壓力。是因為現今環境更能切實感受到英文的重要性嗎？這種壓力又延續到下一代。此外，也有人擔心自己的英文能力不足，會對孩子的英文學習產生負面影響。這所有壓力的原因之一，就是英文在實際應用的困難度。

但事實上，現代人的日常生活已經大量使用英文。很多人的日常用語已經被英文佔據了很大一部分，例如，比起說中文的謝謝，一般人更常說「Thank you」，問候語也會使用英文，例如，早上說「Good Morning」，晚上說「Good Night」，和小孩分開時說「Bye Bye」等。無論是街上的招牌，還是我們使用的物品，英文隨處可見，在正式場合中也是如此。然而，人們對於英文的恐懼並沒有消失。

家長希望孩子越小學英文越好，目的是孩子能「像母語者一樣」使用英文。雖然每年出生人口越來越少，但英語幼稚園及線上英語家教的競爭力卻越來越激烈，這反映的是大人的欲望。然而，最近語言教育學界認為，要求非英語系國家的人要「像母語者一樣」使用英文，這不只不切實際，也毫無意義。因為全世界都在使用英文，發音和腔調也會因國家與地區而不同，就算可以像母語者一樣使用英文，到了新的地區依然需要學習新的英文用法。這時，我們還要考慮誰才是「母語者」？是美國還英國人嗎？實際上，不管美國英國，不同人種本來就會使用不同的英文。無視這個現實，偏愛聘僱白人當英語老師並不符合時代趨勢。

在英語幼稚園裡，本國籍老師不太受歡迎。然而，這些老師其實同時具備雙語的語感，因此具有很強的「語碼轉換（code-switching）」能力，也就是在一句話中融合多種語言的行為，這在學術界反而是更理想的教學人選，能夠成為孩子們的好老師。但家長卻認為，如果孩子知道老師不只會說英文，再加上不是白人，會阻礙孩子認真學英文。英語幼稚園營造了非常不自然的異國環境來教導孩子們英文。在那裡，母語的使用完全被阻斷，只能以二分法看待語言學習，在這樣的英語環境中，孩子們無法輕鬆自在地用英文溝通。

學習語言不僅僅是年幼時期的短暫過程，而是需要持續一輩子的過程。雖然小時候會唱英文歌、讀英文繪本，但長大後，我們需要根據情況學習更困難的英文。大人應該幫助孩子們在考試壓力較小的童年時期，保持積極的心態，自然地接觸語言；應該培養孩子不放棄英文的決心，這份決心，其實和孩子喜歡上學習語言的心並無不同。我們應該制定教育策略，讓孩子感受到語言交流過程中的樂趣，並減少他們的恐懼感。歸根究柢，語言教育的目標不是要送孩子去參加廚藝競賽，而是讓孩子透過烹飪自己的語言來招待他人，並與他人建立關係。

有英文恐懼症的孩子們

最近英語幼稚園不是選擇，而是必須。好的英語幼稚園就算有錢也進不去，必須通過等級測驗，就算通過了，也必須在通過者之間再次競爭，甚至有專門為此設立的課外教育。雖然覺得這種現象存在問題，卻不得不把孩子送到英語幼稚園，這就是目前大部分家長的現狀。沒能送孩子去英語幼稚園的家長，因為擔心孩子的未來而連連嘆息。家長在孩子剛學母語的時候，或者在那之前，就已經開始為了英文教育投注許多心力。

學費昂貴的幼稚園，會使用競爭性的教育指標和促銷話術來誘惑家長，例如，某位五歲孩子已經考到托福幾分、學會幾個單字等。等了好幾個月的諮詢預約後，終於讓孩子進到幼稚園裡，雖然有點晚了，卻慶幸至少現在總算開始了。家長對孩子感到抱歉，覺得孩子好像已經落後於人。昂貴的教育費用已經不再是家長的考量因素，即使縮衣節食，也要以孩子的教育為先。

大人們假設孩子對英文不會有太大壓力，因為年紀還小，只要讓孩子接觸英文，就會自然而然吸收。但是才剛開始學習用母語表達的孩子，在只能使用英文的環境下，會遇到很大的困難。當然也有孩子天生就適應得很好，但大多數並非如此。我的學生中，有很多都在亞洲國家擔任英文老師，其中一人在韓國的全英語幼稚園工作了一年，孩子們只能用英文說話，不管是學生還是老師，只要使用一點韓文，就會受到懲罰被打手心，有的孩子甚至得了緘默症或掉頭髮。

以下三個例子是在研究孩子們的英文恐懼症時，我從在英語幼稚園教過英文的老師那裡收集而來的案例。為保護孩童，下列孩子們的名字都是假名。

〈案例一〉

莎莉從四歲開始上英語幼稚園。她每天都會到幼稚園上課，也很認真完成作業，她和同齡的孩子一樣，英文能力開始進步。然而，過了約四個月後，莎莉出現了一些怪異行為。她會在討論時間還沒輪到自己的時候說話，並對其他孩子做出無禮的舉動。可是她在學習英文方面並沒有任何問題，因此當時我認為沒有什麼大問題。但是幾個星期後，莎莉隱藏不住焦慮感，開始拔自己的頭髮，甚至到最後，前額的頭髮都被她拔光了。

〈案例二〉

大衛比其他孩子還要晚進入英文補習班。當大衛加入的時候，其他孩子已經上了六個月左右的課，因此其他孩子都已經很熟悉只用英文說話的環境。大衛原來上的幼稚園可以同時使用韓文和英文，但新幼稚園的孩子們卻只用英文對大衛說話，他似乎很難順利和其他孩子溝通。在遊戲時間，大衛偶爾會用韓文對其他人說話，但孩子們都不理會大衛，玩他們自己的。從那時起，大衛顯得非常焦慮，不管身為老師的我說什麼，他都不理不睬，也聽不進去，讓我懷疑他可能沒有聽懂。最後，大衛開始打其他孩子，導致我把他和孩子們分開的時間變長了。雖然我很想和大衛說韓文，但英語幼稚園的規定就是絕對不能使用韓文，因此我也不知道該如何是好。

〈案例三〉

安妮是很安靜的孩子。儘管她的英文寫作能力比其他孩子好很多，卻完全不開口說話。只要我叫安妮的名字，她就會看起來很害怕。安妮甚至連韓文都不說。她很清楚在英語幼稚園不能使用韓文的規定，因此常常整天都不發一語。

如果四歲的孩子因為學英文的壓力而討厭去幼稚園、出現停止說話或拔頭髮的異常行為，這種情況絕對不能忽視，因為這些都是非常嚴重的問題。英語幼稚園大部分都有不能使用母語的規定，這源自於一個錯誤的信念——全英文環境中的英文教育，對學習最有效果。其實這樣的觀念本身並沒有問題，問題出在想要取得那種效果的地方是「什麼樣的環境」。

在強迫式的英文教育環境中被種下的恐懼心理，可能會對孩子一生的語言學習動力帶來致命性影響。我最近出版了一本研究書籍，探討孩子們的英文恐懼症，未來可能會演變成精神和社會問題。在研究過程中，我發現出現英文恐懼症狀的孩子們的家長，大多認為孩子的恐懼只是短暫現象，考慮到提升英文能力後的好處，他們會忽視孩子的恐懼感。不覺得這很殘忍嗎？遇過這種經驗的孩子眼中，必須不斷學習的世界該有多可怕？

有很多人詢問**應該從「何時」開始學習英文，但問題的重點不在於「何時」，而在於「如何」**。首先要累積愉快的英文學習經驗，比起強迫孩子沉浸在英文環境中，自然且有趣地遊走在兩種語言之間時，才能夠建立起孩子們巨大又穩固的語言感。**禁止使用母語、只能使用英文的無條件沉浸式學習，不僅對孩子們的英文教育有害，也會成為認知發展和品德發展的毒藥**。我誠摯地告訴家長們，如果孩子現在上的昂貴英語幼稚園，會讓孩子承受壓力、憂鬱不安，那麼那裡絕對不是適合孩子學習的空間。

英語幼稚園在英文教育的效率上確實有效，孩子的語言學習速度比大人快也是個不爭的事實。儘管如此，孩子並不是機器人。不久前，我在盧森堡的韓語學校講課，那裡不愧是使用盧森堡語、法語和德語的國家，有些孩子甚至會說四種語言。然而，那些孩子並沒有承受語言壓力的困擾。在一個可以自然且愉快地沉浸在語言之中的環境，時間和學習的語言數量都不會是問題。問題在於，在語言之間劃分界線，要孩子們只能用「一種語言」說話的壓抑環境，以及過於嚴格的評分目標等。英文是全球化時代的語言，因此每個人都應該輕鬆地學習、掌握和使用它。如果孩子可以透過英語幼稚園快樂地提升能力，那當然再好不過，但如果反而因此加劇了孩子對英文的壓力和恐懼，家長就應該鼓起「保護孩子的勇氣」，果斷離開英語幼稚園。

如果你很關心孩子往後人生的「語言感」，不妨認真問一下自己，孩子學習英文的目的到底是什麼？請試著找出答案吧。在考慮要不要送孩子去英語幼稚園前，先仔細思考一下，能讓孩子在好奇和愉快氛圍中接觸英文的方法是什麼。如果還是想送孩子去英語幼稚園，孩子也想去的話，首先要做的就是好好了解課程內容。如果確信孩子可以在課程中快樂地學習英文，那麼英語幼稚園可能就是一個不錯的選擇。

沒有比好奇心更好的老師

我正式接觸英文這門語言是在國中一年級的時候。當時，在市政府上班的爸爸，介紹我認識了一位當時在美國俄勒岡比佛頓市的小學生夏天。我記得我和夏天當了很長一段時間的筆友。當時還沒有 Google 翻譯，身邊也沒有擅長英文的人。我艱辛地靠著爸爸幫忙，一開始信裡只寫了不到幾句話。對當時的我來說，去郵局是一件非常開心的事情。夏天每個月寄給我一到兩次的回信，那些信是我一個星期的英文學習資料。我反覆讀著她的信，幾乎讀到紙快爛掉，還因為想聽英文發音，不管三七二十一地開始聽英文新聞。「夏天應該也會這樣說吧……？」我一邊想像著她的聲音，一邊讀著信，甚至夢想著和她一起用英文對話。

我從十三歲開始接觸英文，以最近的標準來看，可能算很晚了。但我是出於新奇和好奇心第一次接觸英文，英文對我來說不夾雜恐懼。當我開始害怕英文時，反而是已經學好幾年英文之後的事，尤其是在仔細了解文法之後。

國中一年級時在學校學到的文法或文法用語，對於在英語系國家生活的人來說，如果沒有主修語言學或教育學，應該一輩子都不會知道，但我是在很久以後才得知這個事實。

我在英國剛開始讀博士的時候，因為擔心說出文法錯誤的句子而猶豫不決，錯過了很多說話的機會。尤其是在韓文中沒有的性別代詞和主詞動詞一致性，一直令我很頭痛。我常常怕說錯男性、女性代名詞，或者主詞動詞沒有一致，一直在腦中糾結到想出完美的句子才敢說出口。後來我在學習雙語研究時，才知道不只有非英語系國家的人會出現文法錯誤。**英國孩子和雙語學習者都能自在地運用語言，即使裡頭有錯誤的文法也一樣。也就是說，他們根本不在意。**

對英國的孩子們來說，學英文也是困難的。孩子們在小學一年級第一次學習寫作，這個過程，是為了讓他們能夠把已經會說的單字，藉由拼寫和文法規則表達出來。以下是英國的孩子們在寫作時所犯的一些文法錯誤。

❖（×）How do speiders maic webs?（◎）How do spiders make webs?
蜘蛛是怎麼結網的？

❖（×）Why do ladberds hav lots ov spots?（◎）Why do ladybirds have lots of spots?
為什麼瓢蟲有很多斑點？

❖（×）Whiy bid a dee sting?（◎）Why did a bee sting?
為什麼蜜蜂會螫人？

連母語者都覺得困難的英文作文，在強調成績的亞洲國家，卻從更小的英語幼稚園就開始學習了。有些孩子因為作業太難，最後都是由媽媽完成。英文對孩子而言，變成了恐懼；對家長而言，成為了負擔。在這種情況下，很難期待孩子們培養對英文的好奇心和成就感。

想用英文傳達的內容才是最重要的，我們需要擺脫拼寫和文法的束縛。最近ＡＩ不是已經可以自動修正文章中的文法錯誤了嗎？而且在如今這個英文多元的時代，把自己限制在文法的框架裡，等於是與時代背道而馳。小時候被迫背誦英文單字、被嚴格挑剔文法的經驗，會讓學英文變得更加沉重。

有許多方法可以增加孩子對英文的好奇心，像是我和夏天當筆友時感受到的興奮心情，藉由朋友接觸英文也是一種方法；或者透過電影、電視劇和歌曲，也可以讓學習英文變得很有趣；孩子如果有喜歡的歌手、演員，可能就會對英文產生興趣。根據不同孩子的特質，適合的學習方法也會有所不同。因此家長首先要掌握孩子對英文相關的什麼事物感興趣。

學習語言「最好的年紀」

如果把「現代語言學」和「語言習得研究」的起點說是喬姆斯基博士的理論，一點也都不為過。其中持續受到關注的部分就是「關鍵期」的概念，也就是認為學習時機對於語言發展最為重要。多項觀察結果發現，人類語言發展的動力會隨成長逐漸減弱，過了特定時間後就失去動力。即使是母語，如果錯過語言習得的時機，孩子們最終也無法成功學會語言。基於這種研究，英文教育界自然推論出，人越年幼，語言習得就越容易。胎教英語的出現，也是源於這個脈絡。

果真如此嗎？我第一次接觸英文字母是上國中的那年寒假。那時早就過了可以像孩子一樣自然學會語言的時期。然而，儘管如此，我之後在使用英文說話、寫作和做研究時，也沒有遇到太大的困難。身邊也有很多外國教授和鄰居像我一樣，即便沒有在很小的時候接觸英文，現在依然可以流暢使用英文。

最近，美國麻省理工學院（ＭＩＴ）針對首次學習英文的年紀，和英文實力的關係做了研究。現有學說主張，語言習得研究中的「關鍵期」是在年紀極小的時候形成，而在六十七萬人參與的這項研究中，研究人員提出了異議。雖然語言習得的效率從十八歲之後開始下降，但在此之前，**從幼兒時期開始學習英文，和十歲以後開始學習英文的兩個群體之間，語言使用能力並沒有太大差異。**

與其講究幾歲開始學英語最好，我認為，因為孩子進入小學高年級後，學校的英語課程會變得更為正式，所以在此之前，讓孩子以輕鬆愉快的方式接觸英語更重要。在應用語言學領域中，將其稱為「任務型語言學習（Task-based language learning）」。

我們家的老么邊唱歌邊學法文已經三年了，說得直白一點，她的法文文法實力幾乎等於零，但她非常喜歡法文課。她從七歲開始上課，即使在學校因為新冠疫情暫停實體課程時，她依然會透過線上學習。法文老師是孩子朋友的媽媽，孩子們每次只學一首法文歌，有時候會一邊做好吃的蛋糕，一邊學習法文。孩子可以開心哼唱的法文歌約有五、六首，雖然不懂法文文法，但能夠理解歌曲中的歌詞意思，隨時隨地哼唱。我記得有一次先生的法國朋友來家裡，孩子唱了法文歌，讓朋友大吃一驚，也感到很高興。如果這種經驗可以激發孩子們的興趣和學習動機，他們就會在國中後自主學習法文。

就我而言，雖然我在大學學過法文，但並沒有留下什麼印象。我在首爾瑞來村（有韓國小法國之稱）從八歲法國小孩蘇菲身上學到的法文，反而讓我永生難忘。當時，我認為想要學好法文，就應該直接認識使用法文的人，因此就在有很多法國人的瑞來村，我在超市張貼了一張保姆廣告。結果，蘇菲的媽媽打了電話，委託我去接蘇菲放學，並準備點心給她吃、陪她玩耍。後來蘇菲成為了我最棒的法文老師。在蘇菲面前，我完全不用擔心文法錯誤或遭受指責。

我在學德文時，也直接去了韓國歌德學院。每次放假時，我就會去市政府站前的英國文化協會看書和看影片，這樣的經驗對我來說非常珍貴。有志者事竟成，因為我沒辦法直接去法國、德國和英國，所以自己創造了類似的經驗。最近有無數的方法可以不用親自前往就能體驗，也可以在虛擬世界中創造學習的機會。地方政府的教育活動也有很多資源。和孩子利用這些機會創造愉快的外語學習體驗吧！

媽媽親自教英文，行得通嗎？

「媽媽牌英文」的潛在問題

最近「媽媽牌英文」成為兒童英文學習的熱門方法。韓國社群媒體大數據分析網站，從二〇二二年起調查為期一年間與「媽媽牌」高度相關的詞彙，「英文」壓倒性地佔據了第一名。「媽媽牌英文」是指媽媽成為老師，在家親自教授英文的教學方式。媽媽們會擬定計畫，通常是在每週特定時間播放英文影片、播放英文音檔或朗讀英文繪本等。YouTube 和部落格充斥著關於媽媽牌英文的資訊，有介紹不同難度的教材，也有孩子們可以直接使用的學習影片，媽媽牌英文的成功案例紛紛出現。看著這類資訊，我發現提升孩子英文實力的責任，似乎全部落在媽媽身上。

我認為「媽媽牌英文」這個詞存在幾個問題。首先，這個詞把孩子的英文教育責任都推給了媽媽。在孩子的教育中，媽媽和爸爸的角色都很重要，可是在這裡卻找不到爸爸的存在感。尤其語言是以溝通為目的，而且還是在家裡學習，並非在其他地方，沒有考慮到爸爸的角色讓我感到很可惜。此外，在這個詞當中，實際學習英文的「孩子」的角色也被忽視了。單方面播放影片和音檔都是讓孩子被動接受英文的教育方式，就像我們在看沒有字幕的外國電影或聽流行歌曲一樣，儘管過程愉快，卻很難學到可以作為溝通工具的英文。

另一個問題是，媽媽終究不是孩子的老師。媽媽牌英文完全仰賴媽媽的辛勞，媽媽必須親自學習英文教法和尋找教材、影片、錄音檔等各式各樣的資料，很可能處於孤軍奮戰的狀況。在這種情況下，如果媽媽為了教孩子英文付出了很多努力，孩子的學習成果卻不盡理想時，媽媽可能很難保持平常心對待孩子。付出的越多，期待就越高。如果媽媽以投資時間和資源的視角來教育孩子，孩子可能會把媽媽當成是投資者，必須向媽媽展現成果。為了證明媽媽的投資沒有白費，親子關係也可能為此出現問題。

孩子會不會因為我把英文學壞了、我是不是要再多學一些英文？……媽媽也可能為了挑選下次的教材書籍或影片而備感壓力。如果看不見成果，媽媽就會感到焦慮，擔心自己的孩子是不是有問題，被「媽媽牌英文」所困。我想告訴各位媽媽，不要認為自己必須為孩子的英文教育負起全部責任。家長是孩子的談天對象、能夠站在同等立場互動的人，也是人生的嚮導。最重要的是，就算是為了孩子的情緒發展，「家」也應該成為所有家庭成員都舒適自在的地方而不是補習班或自習室。

一般媽媽牌英文的教學方式，會利用孩子去幼稚園前的早晨和睡前的零碎時間學習，最大化在家裡的學習量。全家共處時間已經這麼少，連和孩子們對話的寶貴時間都被花在英文教育上，實在令人惋惜。如果必須在媽媽牌英文和與孩子互動中擇一，我絕對選擇後者。我們可以在日常生活中混合使用母語和英文，就算文法不嚴謹也沒關係，像玩耍一樣自然溝通也不錯。如果媽媽和孩子之間，因為媽媽親自教英文，變成如同老師和學生的關係，孩子就會失去應該從媽媽身上獲得的安全感。

孩子需要「用得到」的英文教育

當我們要衡量某人的英文能力時，通常擺脫不了考試或檢定成績，那些分數如同貼在身上的標籤，怎麼撕也撕不掉。當然，在英文不是母語的國家，這是一個有效衡量英文實力的方法，但是，英文和考試分數緊密相連的文化，不僅是孩子，連大人都會感到害怕。然而，英文分數高不代表很會使用英文，也就是說，很擅長拼寫英文單字，或者文法使用非常正確，並不代表實際的英文能力。

我朋友的女兒貝絲，在英國就讀七年級，很擅長寫作的她得了很多獎，但其實她的英文拼寫並不是那麼正確。以孩子來說，寫作能力和記住正確拼寫的能力是兩回事。創作《哈利波特》的兒童文學作家J.K.羅琳也曾坦言自己經常拼寫錯誤。在早期的英文寫作教育中，拼寫正確常常被視為基礎，真正的寫作教育卻反而被輕忽了。

英文能力的標準不僅僅攸關成績，還攸關「如何說話和寫作」。口說和寫作教育，常常因為入學考試而被拋在腦後，無法擴大在教學上的比重。英國的孩子們從小就開始在學校上寫作課，我的大女兒在上小學時，每個星期五都有一小時自由寫故事的時間，老師會在作文上留評語，通常都是關於內容，而非文法。**孩子們需要的英文教育，是用英文表達自己想法，而非正確使用英文的教育。**

有一天，我們家小女兒需要寫一篇關於塑膠對環境影響的詩。孩子對寫作沒有恐懼，輕鬆地完成了一首詩（見左頁）。儘管拼錯了很多字，但仍然出乎意料地寫出了屬於自己的詩。

無懼，為孩子的想像力插上了翅膀。未來，毫無疑問，AI 可以輕鬆修正我們的文法問題，**只有想像力才能成為屬於孩子的東西**。無論是利用母語還是英文，家長都應該給予孩子透過語言，盡情表達想法和情緒的機會。不要讓孩子們學習的英文只停留在筆記本上面，讓他們實際寫作並開口說英文吧。

塑膠之地	Plastic Land
海洋啊海洋，閃爍著如藍色鑽石般的光芒	Ocean ocean, gleam like Dimonds of the blue
生物啊生物，海中的生靈，有著千姿百態的模樣	Creachers creachers, of the Sea, lots of differnt kinds they Can be
塑膠啊塑膠，不該出現在這片海洋中	Plastic plastic, in the sea There it should not be
海洋啊海洋，塑膠充斥，好像變成了綠色沼澤	Ocean ocean full of plastic Green like swamps and gue
生物啊生物，變得虛弱無力	Creachers creachers softer
在我們的垃圾中掙扎，最終窒息而亡	And die and in our rupish they Drown to perish
塑膠啊塑膠，請別再出現在這片海洋	Plastic plastic in the Sea there it should not Be.

讓ＡＩ成為語言學習的好夥伴

二〇二二年十一月，生成式ＡＩ模型ChatGPT公諸於世後，人們便聚焦在ＡＩ將會改變的未來。生成式ＡＩ的特徵，在於會根據輸入值不斷生成數據，它可以用人類的語言回答問題，進行符合邏輯的溝通，值得關注。這種生成式ＡＩ，將成為寫作和口說等全方面語言學習的優秀助教。我們可以參考它修改的句子結構，它也可以生成大量的例句。以前這種詳細的一對一寫作教學需要花費許多金錢，但現在任何人都可以在ＡＩ技術的幫忙下，以低廉的費用學習寫作。

如果生成式ＡＩ能夠加入自然的聲音，就可以像和真人對話一樣，自然地進行會話練習。你不用擔心孩子們覺得人工的聲音很彆扭，在ＡＩ環境中成長的孩子們，早已經對和Siri、AleXa等ＡＩ服務對話感到習以為常。不久前，我參加了一場在捷克的ＡＩ研討會，在針對ChatGPT的說明結束前，就已經看到直接以指令和ChatGPT互動的學生們。

ＡＩ的發展對於害怕犯錯或個性內向的孩子們來說，是一個再好不過的機會。眾所皆知，語言教育的最大障礙就是恐懼感，如果這個問題沒有解決，英文學習就會像著煞車的汽車一般無法前進。對於害怕英文的孩子而言，教室裡老師和同學投來的視線所引起的緊張和焦慮，反而成了學習的最大障礙。我曾經進行為期三個月的ＡＩ語言課程，結果顯示，學生們在和ＡＩ助教學習時，幾乎沒有感受到負面情緒，對於語言錯誤的焦慮也明顯減少。由於ＡＩ可以根據情況進行對話練習，因此對於可能引發緊張感的實際會話情況，可以透過ＡＩ來演練。這就像是我以前學習法文時，與八歲的蘇菲聊天能夠解除內心的緊張感一樣。此時，語言習得大腦才能確實運轉。確實運轉的大腦會讓我們感到幸福，而這種幸福感就會再次刺激我們的學習感。

ＡＩ教育可以根據個人情況輕鬆調整學習內容和速度，因此有助於刺激孩子的好奇心和學習動機，也可以創造和喜歡的電影角色直接對話的機會，例如《冰雪奇緣》的艾莎、《蜘蛛人》，甚至可以問問這些角色感興趣的事情，讓孩子感受到用英文溝通的樂趣。而且，不管孩子們重複提問幾次、搭話幾次，ＡＩ助教都不會感到煩躁，也不會因為回答不出來就擺臭臉。

家長們，ＡＩ技術可以成為孩子教育的好工具。ＡＩ學習助教擁有比家長更優越的體力，可以不停組織語句，成為孩子的聊天對象。不過也有需要注意的地方，ChatGPT 等生成式ＡＩ很常出現偏頗或非事實的資訊，因此我們要避免將這個工具當作絕對性的知識學習窗口。然而，我也很期待這個侷限可以逐漸被克服，未來，ＡＩ老師將改變語言學習的遊戲規則。

比道地口音更重要的事

發音是許多人學英文時最重視的部分。為了讓聽者能聽懂，發音很重要，但這和「發音有標準答案」是完全不同層面的問題。我在英國接觸過各式各樣的英文發音，法國人說法式英文，德國人說德式英文，日本人和中國人的發音同樣帶有口音。但韓國人卻為了說出美式或英式發音而急得直跺腳，自嘲發音是韓式英文（Konglish）。我覺得這並沒有什麼好可恥的，也不需要改善。

本土化在內化語言方面是必不可少的。像鸚鵡一樣模仿美式英文、英式英文並沒有什麼意義。最近幾年間，韓國電影界橫掃了許多獎項。在導演奉俊昊和演員尹汝貞的英文採訪中，他們聽起來既不像美國人，也不像英國人，但兩位都用英文完成了非常出色、機智且愉快的採訪。看過這個採訪的英、美人士，應該都不會提及他們的發音或說話風格，因為比發音更重要的是內容。

當然，在英文文化圈使用英語當作日常語言時，情況可能會有所不同。長期待在特定發音和語言的環境下，會不知不覺被環境同化，發音越來越像當地人，但這也可能是出於話者有意識的貼心，為了讓聽者更容易聽懂自己說的話。我在韓國學校學了美式英文，然後去了英國留學。在和英國人溝通的過程中，自然而然學會了英式英文，也習慣了英式發音。後來我去美國哈佛大學待了兩個月，突然發現自己在超商中自然而然說著美式英文。與其說是為了方便超商店員聽懂，不如說是不自覺就變成那樣了。有些人因為喜歡特定的發音，並根據自己的風格選擇美式發音或英式發音，這並沒有問題，但我們沒有必要對不標準的英文發音感到自卑。因為自卑感也會影響孩子。要求母語是其他語言的孩子，要像母語是英語的一樣使用英文，是件很困難的事。上一代傳承下來的自卑感，最終會再次成為與世界溝通的阻礙。

今天我在孩子的學校門口見到了德米特里。德米特里的爸爸是俄羅斯人，媽媽是蘇格蘭人。他對韓國食物非常感興趣。今天他見到我，就向我炫耀他做了辛奇。就算是身為韓國人的我也不會每個星期做辛奇，他卻每個星期都做辛奇來吃，還向其他家長們強調辛奇對身體有多好。由於韓流的影響，在英國有很多人都像德米特里一樣會親自做韓式料理。其中，最受英國人歡迎的韓式料理自媒體，是一位名叫 Maangchi 的加拿大 YouTuber，大家都在看她的頻道學習如何醃漬辛奇、做韓式烤肉。

Maangchi 的英文發音，是韓國人聽起來會覺得很親切的韓式英文。她的發音準確，偶爾也會出現韓國特有的表達方式，Maangchi 曾經在美國許多脫口秀上，和歐普拉等知名人士談話。她說英文時充滿自信，因此人們總會不自覺認真傾聽。英語使用者透過她，能夠直接認識、使用韓國食物的韓文名稱。如果韓國政府機關或語言學研究所要求：「請直接使用羅馬拼音標記韓國食物名稱。」外國人應該會嗤之以鼻，相較之下，Maangchi 的表達方式，能夠自然滲透到英文使用者的腦海裡。

說外語時，最重要的是自信心。充滿自信的說話態度會提高說服力。根據心理學家麥拉賓（Albert Mehrabian）教授的研究，溝通主要取決於肢體語言（55％）和音調（38％），最後才是話語內容（7％）。如果沒有自信，即使說得很完美，也很難成功地溝通。**我們應該收起對發音的嚴格標準，讓孩子們可以充滿自信、放鬆地說話。只要有自信，就已經跨越學習英文的最大難關了。**

語言是孩子
乘載世界的巨大基石

培養「語言感」，建造通往外界的橋樑

學習的第一步可以說就是語言學習。這裡提到的學習，不是指坐在書桌前的學習，而是通過與他人溝通，進而了解周遭世界的學習。小孩出生後，便開始與建立情感聯繫的人使用語言。世界知名的認知科學家史蒂芬・平克（Steven Pinker）認為，無論使用的是母語或是外語，我們都是以存在於母語中的思維來思考語言。他將這種抽象的語言稱為「心靈語言（mentalese）」。孩子的心靈語言，會在與周圍人建立情感連結時逐漸形成、發展。孩子們會開始用語言表達自己的所見所聞看法，並隨著慢慢可以看得懂文章，進行更複雜的學習。

孩子們還會把使用語言時對應的感覺和情緒相連結，並加以認識。例如，與可愛的表情一起說出來的幸福話語、從皺眉的表情中傳來的傷心話語、悄悄話中承載的溫柔話語等等。因此有研究表明，人們在使用非母語時，對自己和他人的情緒變化較不敏感，因為理解非母語時需要更加費力，大腦對於情緒的認知領域

的刺激就會減少。

對孩子來說，最需要好好熟悉的思維語言包含想法、表達和情緒的語言。這些語言能力的良好，最終能讓孩子順利社會化，並成為所有學習的穩固基礎。**十歲以下的孩子還在學習基礎語言的階段，他們整天都在嘰嘰喳喳地說個不停，像是突然浮現的想法、產生的情緒和好奇心等，有無數的話想對爸爸媽媽說。如果孩子在這個過程中被阻止說話，等同於扼殺了他們的想法、表達和情緒。**為了守護孩子想要表達和說話的心情，最重要的就是必須讓他們使用愉快、有意義且豐富的語言。

想讓孩子學習多語言，就別管成績了

我們家孩子的班上轉來了一位同學叫阿諾。阿諾的爸爸是法國人，媽媽是中國人。雖然阿諾一開始學的語言是中文，但因為在法國長大，所以使用法文對他來說更自在。阿諾剛轉學過來時，連一句英文都不會說，但是他很幸運，因為班上還有位叫瓦倫泰恩的同學，瓦倫泰恩雖然在英國出生，但在法國父母的陪伴下成長，所以會說英、法雙語。除此之外，班上還有一個中國小孩米奇，他會說中文與英文。當阿諾、瓦倫泰恩和米奇在聊天時，擅長法文的瓦倫泰恩，會幫阿諾把法文翻譯成英文，但是當瓦倫泰恩很忙或覺得麻煩時，米奇就會幫忙阿諾，老師則會在上課時使用 Google 翻譯教導阿諾。

孩子班上同學的媽媽，成立了一個每週二聚會一次的法文社團，多虧了這個社團，我的孩子也能夠說法文。阿諾的英文每天都在進步，與此同時，阿諾身邊孩子們的法文也在慢慢提升。孩子們正在自然地熟悉彼此的語言，並沒有意識到自己在學習語言。

如今，我們會根據個人喜好使用不同的語言和單字。過去，雙語或多語是語言學界的主要話題，其中包含了一個國家使用一種語言才是標準的觀念，這也是二十世紀民族主義下所產生的觀念。然而，現今不同國家的人共同生活在一起很常見，很難再用雙語或多語來表達國際上語言使用的情況。我認為，二十一世紀人們的生活跨越了無數語言和文化的界線，形成超語言（super-lingual）、超文化（super-cultural）時代。超語言時代是每個人面臨的現實，超語言者兼具語言消費者和生產者的角色，融合了多種語言及文化，將逐漸成為我們的日常。

世界上有很多語言，英文只是其中之一。如果只學英文，就好像只學習這個世界的一部分。而當我們想瞭解過去的歷史時，就需要學習古典語言。以前在英國的醫學院學生會學習希臘文，因為很多病名都源於希臘文。此外，對人類的理解被視為是治療生理疾病的基本素質，因此也有很多人學習人文學科。回想我在韓國的學生時期，當時文科和理科被劃分得非常清楚，如果理科生對語言感興趣，就會被視為奇怪的人，而且理科生也沒有選擇第二外語的機會，這讓我不禁懷疑，這樣真的是正確的嗎？

我的德國朋友露西是位疫苗研究家。露西在學生時期就非常喜歡拉丁文和希臘文，也講得很好。當研究中遇到病毒或疾病的名稱時，她的古典語言知識就會非常有幫助。報考牛津大學語言相關科系的學生中，也有很多人在數學或科學方面表現優異。同樣地，報考數學或科學類科系的學生中，也有不少人將一到兩種語言選作入學考試的科目。在重視效率的教育系統中，這是難以想像的事情。

有位讀歷史的學生對我說，他對印度史很感興趣，因此要從這個學期開始學梵文。對於學習者來說，語言可能是為了學習歷史、文學或哲學的工具。我認為，任何一門學問，要去學習記錄它的語言，才能達到更深層次的學術理解。那位打算學習梵文的學生，讓我深切感受到，英國學生在學習新語言時不會帶著任何偏見。然而，在追求效率的社會裡，我們通常會用「為什麼浪費時間？」等現實面的問題來衡量許多選擇，在這樣的權衡當中，梵文的實用性大概不高。同理，能夠豐富、滋養我們人生的人文或藝術等，也往往被認為不具實用性。

我的大女兒在國一時學習了法文。現在國二的她，正在學習拉丁文、希臘文、西班牙文和中文。不僅是我的孩子，其他同齡的孩子也會選擇兩、三種喜歡的語言來學習。學習多種語言的經驗，將會成為他們與世界接軌、成長為真正世界公民的寶貴時光。

如果想培養孩子的語言能力和語感，就應該斬斷綁住語言的考試枷鎖，也應該改變只有主修該語言的學生才能學得深入的觀念。**為孩子們提供快樂學習各種**

語言的機會，短期內聽起來很像在浪費時間，但從長遠來看，那將有助於提升孩子的語感，也會降低孩子對英文等新語言的排斥感。

跨語言是未來世界的必備能力

移民到英美地區的孩子，常常會出現混用英文和母語的情況。這些孩子在使用兩種語言時會感到混亂嗎？混用兩種以上語言的情況被稱為語碼轉換（code-switching）或跨語言（translanguaging），歷史上，語碼轉換經常發生在有語言接觸（language contact）的地方。例如，十三至十五世紀的英文詩當中，混用了英文、法文和拉丁文。語碼轉換有助於維持多種語言的使用能力。在美國使用的西班牙式英文（Spanglish）和威爾斯式英文（Welsh-English）也是語碼轉換的例子。

令人感到諷刺的是，當移民家庭的家長為了維持和保護家長的母語——傳承語言（heritage language），禁止在家裡混用移民國家的第一語言時，子女們反而更快失去傳承語言的語感。這是因為使用語言時感受到的壓力，會讓人自我檢視是否正確地使用語言，結果降低了信心。

孩子們不是因為沒有足夠能力使用兩種語言才混用在一起，比較像是為了順暢地溝通，自然選擇更合適單字的過程。剛開始學韓文的孩子們在學習英文時，也出現了把韓文單字當成英文單字使用的情況。例如，我的小女兒想說「massage（按摩）」這個單字時，會使用韓文表示按摩的動詞「주무르다；jumureuda」加上英文的「-ing」，創造出「jumuling」這個詞。當我看起來很疲倦時，她就會問我：「Shall I give you jumuling?（要幫妳按摩嗎？）」與其說是一個錯誤的句子，我倒覺得非常有創意。在說英文的時候，也有必須用韓文單字的情況。反之，也有在說韓文時，雖然有相符的韓文單字，但覺得英文單字更貼切的時候。在學習語言的過程中，如果混用英文和母語，字句表達會更加精準和豐富，將兩種以上的語言混在一起，創造出最吻合情況的過程，對於掌握雙語非常有效。

在英美地區，母語是韓文的孩子們更擅長表達情感。除了因為英文表達情感的詞彙較有限，也是因為韓文中有許多溫暖且充滿人情味的表達方式，所以韓僑之間即便常用英文對話，有時候仍會選擇改用韓文，除此之外，韓文中的稱謂語也是一例，韓僑不會直呼親近的韓國長輩名字，而是親暱稱呼對方「叔叔」或「阿姨」等，無形中拉近人與人的距離。我認為，在教孩子們英文時，如果他們的母語基礎還沒有穩建，就讓母語和英文碰撞，反而會限制他們的情感表現能力，和家長或其他人建立親密的關係時產生問題，因為失去表現內在情感的機會和對象。

最近我很喜歡看的綜藝節目《飄洋過海的爸爸們》，這是與韓國女性結婚的外國爸爸們參與的育兒節目。這個節目提醒我們爸爸在育兒過程中的重要性，我覺得很不錯。由於我是語言學家，因此我總會先注意到每個家庭語言運用的情況，節目上出現的家庭有個共同點，那就是孩子能夠使用爸爸和媽媽的語言。媽媽來自法國的奧莉維亞家使用法文和韓文；爸爸來自義大利的阿爾貝托家使用義大利文和韓文；來自日本的里昂家使用日文和韓文；來自英國的彼得家使用英文和韓文。雖然孩子們在說功能性的話語時主要使用韓文，但在和爸爸交流情感時，就會馬上轉換成爸爸的語言。

我在盧森堡韓語學校講課時，有一個孩子的爸爸是義大利人，媽媽是韓國人，他們很苦惱應該放棄哪一個語言，我告訴他們一個也不能放棄。孩子們在學習語言時，就像一塊海綿。如果和形成良好依附關係的家長一起學習，那麼不管是幾種語言，孩子都能學會，孩子在學語言的方面是沒有極限的。

雖然英文的表達存在侷限性，但從小就愉快接觸雙語的孩子在使用英文時會有更豐富的情感詞彙，因為他們會透過豐富的母語感性來使用英文。我想再次強調，**跨語言是未來的必備能力**，但是，如果孩子處在壓抑的學習環境，對外語產生了恐懼感，就很難獲得跨語言能力。請讓孩子在小時候愉快地接觸各式各樣的文化吧。

多語言文化下的新世界觀

不久前，英國的一所小學開設了印度語課程。英國有非常多印度裔英國人，但是大部分的英國孩子都不太認識在印度使用的語言。這是生活在英語被視為全球通用語言的時代，很容易遇到的狀況，畢竟世界上不只存在英文一種語言。

我的一個朋友向我分享了這段小故事：「我女兒克萊爾有一個叫明子的日本朋友，她會帶非常漂亮的便當去學校，我女兒和那個日本孩子很要好。現在我女兒上大學了，她經常提起那段經歷，她說，那時和明子做朋友的經驗似乎讓自己對其他語言和文化敞開了心扉。」像這樣，對其他語言和文化的正面經驗，會進一步提升孩子的包容力與適應力。當孩子接觸陌生的語言或文化時，會以好奇心和開放的心態去面對，而非恐懼和排斥感。

二十年前，在我離開韓國的時候，韓國對多語言、多文化的概念還很陌生，但是現在，來自東南亞、中國、日本和英美地區等許多國家的人們紛紛來到韓國留學、工作和組織家庭。韓國的人口住宅總調查，曾經針對5174萬人進行調查，並發表〈二〇二一年全國多文化家庭實態調查〉報告，結果顯示，韓國有34萬6017戶多文化家庭，家庭人數為111萬9267人，二〇一八年後已超過一百萬人，多文化家庭人數佔總人口的2%，預計今後該數字還會持續增加。其中母親的國籍依次為越南35.7%、中國16.8%、菲律賓5.2%。然而，我們有多努力學習這些文化圈的語言呢？遺憾的是，多文化家庭的孩子經常因為語言和文化不同而被同齡孩子排擠。大部分情況下，這些孩子不會說媽媽的語言，只學習了爸爸的語言，也就是韓文。因此即使被排擠，也很難敞開心扉與媽媽對話。

我的一個韓國學生，他在首爾為移民提供韓文教育服務時，認識了一名女性。有別於其他學生，那名女性安靜地坐在教室後排，於是他過去向她搭了話。聽到她來自哥倫比亞後，我的學生用簡單的西班牙文說了幾句話，她才終於露出燦爛的笑容。那位女性提起自己是因為結婚移民到韓國，後來離婚了，而她有一個上幼稚園的孩子，但是孩子只有韓文進步，所以她和孩子之間越來越難溝通，孩子自然而然更常找語言相通的爸爸。再加上孩子的外表也更像先生，因此當她和孩子出門時，人們經常會問：「媽媽在哪裡？」把她當成了保姆。我的學生在說這個故事時，掩飾不住惋惜的心情。

多數人似乎認為移民者必須學習當地母語，而自己不需要學習他們的語言。然而，隨著國際社會上的多元融合日益重要，我們應該改變對其他語言與文化的排外態度。如果說我們學習英文是為了與世界交流，那麼學習移民者的語言就是為了與新鄰居交流。多元文化家庭的孩子日益增加，我們不能讓他們被邊緣化，成為社會中的局外人。

根據二〇二一年韓國教育部和教育開發院調查的《教育基本統計》顯示，在韓國大學讀書的外國留學生約有十五萬人（編注：據中華民國教育部統計，一一二學年度約有93379名大專校院外國留學生），在小學、國中和高中的多文化學生人數也超過了十六萬人。我們的孩子已經生活在與不同語言與文化背景的人一起讀書和工作的世界裡。我們可以從學習語言開始，提高對其他種族或文化的開放性。**如果讓沒有考試壓力的年幼孩子不只接觸英文，還接觸移民者的語言，近不只有助於培養語感，對生活在多文化環境中也會大有幫助。**

韓國二〇一九年在電視台播出的綜藝節目《劉QUIZ ON THE BLOCK》中，有一集採訪了四歲時從烏茲別克來到韓國的小學生。在節目中，人們讚嘆這個孩子的韓文能力，紛紛表示：「韓文說得真好。」還測試了孩子的韓文諺語實力。其中一幕，主持人叫錯這個異國孩子名字的場面，被以搞笑的方式呈現。看到孩子被當成了異鄉人，令我感到惋惜。如果我的混血兒孩子們在英國接受了這種採訪，我應該會感到非常心痛。

甚至，很多國家已經開始謹慎使用代表外國身分的「foreign」一詞。例如，澳洲的學校會以「語言教育」一詞來取代「外國語教育」，因為他們學習的是組成澳洲人口各種移民者的語言。德國人也很少使用外國人這個詞，只要是在德國生活的人，不管是什麼國籍，都會受到歡迎，都是社會的一份子。在部分亞洲國家，尤其是韓國，對於「我們」的資格非常嚴格，例如，擁有什麼國籍、是什麼人種、是否能說流利的韓文等。無論身在什麼國家，為了讓我們的孩子們可以和各種文化、語言背景的人們相處，需要所有人共同努力來創造和平的社會。

【立刻和孩子一起練習】語言感UP！

❖ **養成每星期去一次圖書館的習慣**。讓孩子親自挑選感興趣的書，體驗挑書的樂趣吧。感受到樂趣後，孩子的語言會自然而然變得豐富。

❖ **在睡前為孩子讀一本英文故事書**。爸媽的聲音在培養語感方面最有效。不要太專注於朗讀文字本身，和孩子們一邊互動、一邊閱讀吧。

❖ **當孩子們可以開始自己看書時，家長請記錄下來**。寫下孩子的閱讀經歷和成長，可以記錄的事物包含讀書的日期、書名、孩子新認識的單字和反應等。這有助於掌握孩子感興趣的事物或學習傾向。

❖ **看完書後，請讓孩子用圖畫來表現書的內容**。有助於提高孩子的思考能力。

❖ **請像日記一樣，把孩子使用的單字寫在筆記本上**。還有，為了讓孩子對自己說的話產生自信、更自由地和你交流，試著配合孩子的語言習慣來溝通。

- **發現孩子充滿創意地運用母語時，請大方稱讚。**通常孩子外語說得很好時，我們會給予鼓舞和稱讚，但認為外語比母語更重要的想法並不恰當。
- **避免說「爸媽英文不好」這種話，避免孩子形成語言能力優劣的觀念。**在這種情況下，孩子很難把英語視為是自然的、自己的語言。
- **請自然混用多種語言，讓孩子打破語言之間的界線。**如此一來，孩子的語感會越來越敏銳。

CHAPTER 03

趨勢感：掌握時代動向的核心要素

英國人早上醒來後會喝早餐茶。不管早晨有多麼著急去上班，他們一起床就會先燒開水壺裡的水。茶裡的咖啡因可以驅逐殘餘睡意、喚醒頭腦，讓人得以展望一天的行程。早餐茶時間，讓我能好好站在一天的起點上，避免我不知不覺陷入被事情推著走的狀態，失去了自己人生的自主性。英國人的幽默和實用主義，是否源自於他們文化中特有、讓人得以在繁忙中按下暫停鍵的緩衝片刻呢？對於不只要為孩子忙碌的一天，還要為孩子的未來做準備的家長而言，這樣的時間必不可少。

現今，獲取資訊變得非常容易。民主社會中的大眾主張知情權，要求資訊公開透明。在過去，特定領域的專家通常掌握了大眾不了解的資訊，現在，專家的角色不斷弱化，因為現在的大眾儼然是「谷歌人」，不必成為專家，也能利用Google自行找到所需的資訊，不再感受到知識匱乏。

「第四次工業革命」以大數據和AI等為代表，是二〇一〇年代的熱門話題。然而技術正以驚人的速度發展，區分第幾次革命已經失去意義，現在震驚世界的ChatGPT，或者其他能生成繪畫、創作音樂的人工智慧技術，在幾年後將成為我們習以為常的一部分。

因此，孩子們的教育也必須隨之改變。在全世界熱烈討論共享資訊，例如大數據、元宇宙、深度學習等時，我們的孩子仍在用死記硬背的方式學習。我們不再需要強大的背誦能力，因為AI的記憶力遠遠超越人類。**未來人才需要的是能夠活用資訊的能力，而這個能力的核心是現代教育長期忽略的觀察力和洞察力。**

我們很難準確告訴孩子們往後五年、十年會發生什麼變化，但有一點可以確定，那就是現在學校學到的知識，未來在他們進入社會工作時，多半都是無用之物。然而，我們總不能在孩子成年後，還在旁邊督促他們學這學那。**孩子必須具備可以一輩子自動自發持續學習的能力。在往後瞬息萬變的生活中，接觸到新的資訊或技術時，具備能夠理解、學習並活用它的學習力。**

同時，孩子們所面臨的另一個重要變化是人口懸崖現象。眾所皆知，韓國是世界生育率最低的國家（編註：台灣為倒數第四名），全國各地紛紛出現學校廢校。現在不管去哪個城市，都可以看到公寓櫛比鱗次的景象，在十年、二十年後，還能住滿這麼多公寓嗎？也許在不久的未來，將會空房氾濫，孩子們很難再找到同齡的朋友。

生活在這種時代的孩子們，最需要的價值是什麼？是和為數不多的同齡人為了排名激烈競爭的心理嗎？競爭只會讓生活在孤單時代的孩子們更加孤單。各掃門前雪的心態將導致國家毀滅。**生活在這種時代的孩子們最需要的不是競爭，而是共存共生。**

培養趨勢感的
教養關鍵字

好奇——在牛津大學裡，好奇心攸關存亡

麻省理工學院二〇〇五年語言學研究所課程中，指導教授每次都會要學生提出一個問題，這個作業可以培養學生的批判思維和洞察力，這種教育方式也和ＡＩ時代所需的能力有關。孩子需要具備對所學的東西進行批判思考，並轉換成屬於自己的問題的能力，還要可以和他人一起針對該問題自由分享想法與討論。

最近透過 YouTube，可以即時收看英國國會舉行的「首相答問環節（Prime Minister's Questions）」，看到英國國會議員展開激烈討論的模樣，令我十分驚訝，我原先以為會是朗誦出事先擬好的問答文稿。然而仔細想想，英國國會展現的討論文化也許才是正常，因為英國的孩子們從小就習慣了對話和討論。

牛津大學熱衷於名為輔導課的小規模團體教育，通常是和教授一對一，或一對多進行。其他課程缺課也不會對成績造成太大影響，但如果沒參與輔導課，就會收到警告。學生們在輔導課時間拿自己的文章和教授討論，從入學到畢業的三

年間，反覆進行這樣的交流。**輔導課不是單方面傳授知識的時間，而是教授與學生互相交流想法的時間，對話的主題不需要太廣泛，每週討論一次，每次以一個問題、一個主題來進行。**牛津大學在過去的八百年間，一直進行著輔導課教育，這所學校目前已培育出三十名總理，或許正是這樣的教育奠定了基礎。

英國皇家學會的座右銘是一句拉丁文——「Nullius in verba」，意思是「不隨他人之言」。為了發展學問，應當懷疑權威，即便是看似理所當然的事情，也不認為是理所當然，這種態度會成為革新的種子。有句話說：「不要相信教科書。」教科書匯集的是目前學術成果的一部分，因此，教科書具有時效性，其內容會因為新的學術發現而改變。說不定你、我的孩子會在未來修改教科書。

猶太人只佔世界人口的0.2%，卻佔了整體諾貝爾得獎人中的22%。人們說，這個背景與猶太人的「哈柏露塔（Havruta）」學習法有關。哈柏露塔是猶太人的傳統教育方法，不論年齡和性別，所有人都可以互相辯論和學習。猶太人家長或老師們最常對孩子說的話就是：「你覺得怎麼樣？你有什麼想法？」這個問題是為了讓孩子在提問時，再次詢問孩子的想法，而非只是結束於簡單的應答。

批判的起點是好奇心，好奇心能形成懷疑，**懷疑能形成批判。家長不能讓孩子失去基本的好奇心，而是應該幫助孩子繼續保持好奇心。批判和提問是人類創造力的核心。**未來，即使小小年紀就具備快速背誦的能力，也難保將來會有用。**孩子們需要的是思考、提問和表達的能力，**但並不是要強迫孩子提問，而是讓孩子接觸感興趣的事情，等待孩子自由觀察和思考。我們應該留出空間，讓孩子們可以慢慢地、自由地成長。

創意——創意力佔90％的時代來臨

英國的孩子們不會特別寫習題本，十歲以下孩子們的作業不會被老師畫得紅通通，有錯字也不會被要求立刻訂正。英國人更關注孩子的想像力和發想力，而非糾正錯誤和文法。亞洲孩子習慣透過大量的題目來學習，而且很熟悉「只有一個正確答案」的框架，沒有餘裕去觀察隱藏在錯誤答案中的可能性。

我的小女兒潔西經常問，明明可以立刻用電腦修正錯誤，為什麼一定要背拼寫？作為家長，我很難找到可以說服孩子的答案。實際上，檢查拼寫和文法的程式多得是，現在已經不再需要背拼寫和文法了，還用這些來評斷孩子們的智力實在沒有道理。

死記硬背的教育方式總是能快速奏效，孩子們甚至可以迅速背下沒聽過幾遍的歌詞或故事。但如果因為出現短期效果就強迫孩子持續死記硬背，可能會對大腦發展產生負面影響。根據大腦發展學，大腦具有「神經可塑性」，我們運用大腦的方式會進一步使大腦不斷產生變化。**唯有愉悅感能刺激大腦，最大化神經的可塑性，相反地，死記硬背這類被動、重複性的行為，反而會讓大腦感到無聊。**

什麼能高度刺激孩子的大腦呢？就是「想像力」。孩子們透過書籍或數位媒體接觸資訊後，在消化這些資訊的過程中，應當擁有發揮自己想像力的時間。例如，英國小學每天都有「展示與討論課（show and tell）」，孩子們會在這個時間談論新的事物或經驗，還會為了表達得更好準備一些道具，這門課程成為孩子培養興趣的好契機。

我的大女兒在學校學到有關亞馬遜的知識，接著她用一個月的時間，製作了亞馬遜熱帶雨林的模型。如果只是要求把維基百科或書上寫的亞馬遜相關知識全部背下來，應該很難讓她的學習熱情維持長達一個月。孩子在製作模型時，就像化身為亞馬遜專家，這也增加了孩子的成就感。透過這種鼓舞式經驗所學到的知識會自然而然內化，在孩子的大腦中成為貫穿生活的珍貴知識。

我的先生、現任牛津大學美術學院院長的他告訴我，亞洲學生似乎只專注在技巧上。根據他的說法，美術不是技巧，而是哲學。例如，普普藝術的先驅安迪·沃荷，為了實現新美術領域——普普藝術，把工作室變得像工廠一樣，讓工人們製作作品，他設計的「康寶湯罐頭」至今仍受到大眾喜愛。現今在所有領域中，創意都比技巧更為重要。如果說得誇張一點，那就是創意佔90％，而技術只佔10％。

如果孩子不懂得如何把創意具體化，就無法透過學習掌握未來真正需要的能力。創意不是短期訓練來的，培養創意是一場漸進的長期戰。就像數學思維一樣，不是指很會解題，而是懂得活用數學邏輯，所以，寫習題不是在培養數學思維，只是在培養解題能力。習慣解習題的孩子只要遇到稍微不同的題型，就很容易陷入苦戰，而且考完試後，經過一小段時間就會忘記公式。**對孩子們來說，未來最需要學習的事物不是「學習技巧」，而是「心態」。**

閱讀——透過閱讀培養思考的習慣

前面提到的神經可塑性，是大腦適應新的學習並做出改變的能力。而在日常生活中，**可以最大化神經可塑性的活動就是閱讀**。我們在閱讀時，如果接觸到新的創意或概念，大腦就會形成新的連結，經歷適應資訊的過程。一項研究表明，**閱讀會提升記憶力、專注力和解決問題的能力**。不僅如此，閱讀還能減輕壓力。

閱讀到底是什麼呢？在傳統意義上，書是上頭印有文字的紙張集合，是由上而下傳達知識的有效手段。直到不久前，紙本書籍幾乎可說是我們獲取資訊的唯一媒介。在我還是學生的時候，只有親自去圖書館找需要的書籍來看，才能寫出論文，完全無法想像如今ＡＩ也能寫出論文了。對於生活在這個時代的孩子來說，閱讀是獲取資訊的眾多手段之一。單純掌握概要和主旨的閱讀方式完全無法引起孩子的興趣。想要讓孩子們喜歡閱讀，就應該讓他們感受到和書交流的樂趣，例如，**閱讀時要提供孩子停下來提問，並自行尋找解答的時間。**

那麼大量閱讀是一個好的策略嗎？我在牛津大學擔任招生委員會主任已有七年的時間，看過許多自我介紹。雖然遇過很多飽讀詩書的學生，但大部分學生都覺得很難表達自己的讀後感想。後來發現是因為有些學生並沒有好好地閱讀後，我才意識到，比起看過大量書籍，讀過一本對自己人生有意義的書，或者記住一句感觸深刻的句子更為重要。比起要求我的孩子們看很多書，我更希望他們就算只閱讀一本書，也要花時間整理想法，因為AI已經能幫忙做摘要和整理了。**孩子們應該把閱讀當作跳板，邁向更廣闊的思維領域。**

最近，孩子們會透過圖像、影片來獲取資訊，雖然大人們也一樣，但孩子們對這方面更為熟悉。媒體只是獲取資訊的手段，因此沒有必要固守「書」的形式。更重要的是適當利用媒體，從多方面接收和運用知識。不久前，牛津大學中央圖書館——博德利圖書館舉辦了一場「Sensational Books」展覽，意思是「令人驚訝的書」。這個展覽讓「閱讀」擺脫傳統意義上的「讀」，被解釋成運用所有感官的經驗。我們家兩個孩子開心體驗了可以聞味道的書、可以吃的書和可以聽的書等各式各樣的書籍。這個機會讓孩子們打破了對書籍的刻板印象。

我的小女兒是個漫畫迷。我不會責備孩子為什麼要看漫畫。孩子說漫畫有圖也有字，而且很搞笑，所以她很喜歡，一有空就會自己畫漫畫逗朋友們笑。對孩子們來說，書沒有等級之分，只要找到自己喜歡的書就可以了。

我發現，英國的兒童和青少年都喜歡看書，大家生日時經常選擇書作為禮物，大人也非常愛閱讀。無論去咖啡廳還是坐火車，在任何地方都可以看到在閱讀的人，也有很多機會可以一起聊最近閱讀或喜歡的書。這種環境可以讓孩子自然而然將閱讀融入日常生活。如果家長自己不閱讀卻強迫孩子閱讀，孩子很難認為書是有趣的。如果希望孩子多閱讀，不妨觀察看看家裡是否建立了能培養閱讀習慣的環境。

為了養成閱讀習慣，可以試試像上方圖片一樣，寫寫看閱讀筆記或閱讀日記

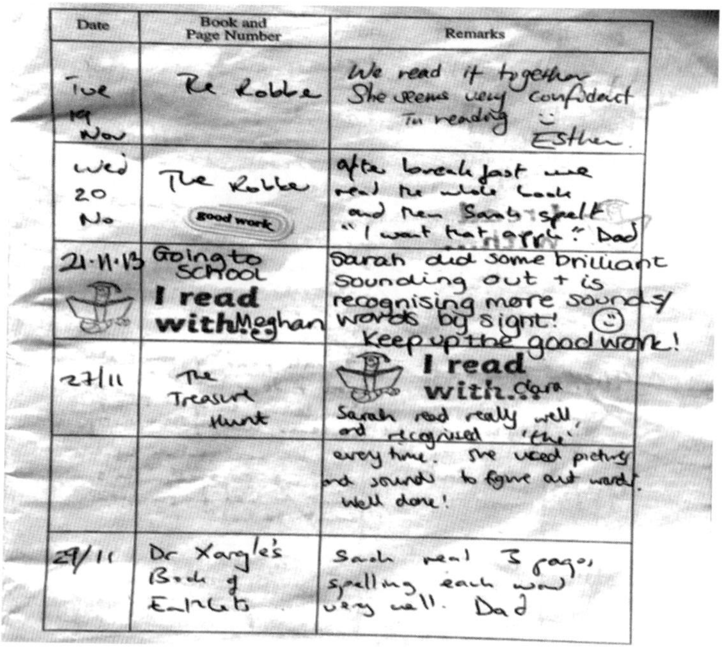

Date	Book and Page Number	Remarks
Tue 19 Nov	Re Robbe	We read it together She seems very confident In reading :) Esther
Wed 20 No	The Robbe good work	After breakfast we read the whole book and then Sarah spelt "I want that apple" Dad
21.11.13	Going to School I read with Meghan	Sarah did some brilliant sounding out + is recognising more sounds/words by sight! :) Keep up the good work!
27/11	The Treasure Hunt	I read with Clara Sarah read really well, and recognised 'the' every time. She used pictures and sounds to figure out words. Well done!
29/11	Dr Xargle's Book of Earthlets	Sarah read 3 pages, spelling each word very well. Dad

❖ 潔西按照日期寫的閱讀記錄

吧！英國學校每天都有一堂「閱讀記錄（Reading Record）」教學課程，老師和家長要為孩子們的閱讀各寫一句話。雖然只是非常簡單的評語，但看著每天累積的閱讀記錄，孩子們會覺得很有成就感，家長也會看見到孩子的成長幅度。

我想再次強調，孩子在閱讀時或閱讀後，一定要有思考的時間，然後再基於此和其他人交流。如果家長想為孩子營造閱讀環境而打算開始閱讀，卻不知道要看什麼書的話，那麼和孩子們一起看同一本書也是個不錯的方法。在閱讀的同時，一起討論浮現的想法吧，這個方法可以讓孩子們逐漸將閱讀視為生活的一部分。

共同成長：家長和孩子間的雙向學習

很多家長都對孩子的閱讀理解力感到擔憂，因為最近的孩子不看書造成閱讀障礙，然而，另一方面也令人產生了這種想法——不只是孩子無法理解大人的話，或許大人也無法理解孩子的話。我們，和我們的孩子，在世代非常不同的語言環境中成長，而語言會隨著使用者的環境流動，即使是母語，也會根據時空背景而改變其含義，這表示，孩子們即使不知道詞彙原始的意思也無礙於生活。

如果說家長的世代，是透過廣播電視和報章雜誌來獲取資訊，那麼現在的孩子們，就是生活在充滿英文和外來語環境的時代。根據一份針對三到六歲兒童使用詞彙的調查，韓國小孩最常使用的感嘆詞是「Oh My God」。在大量使用英文，甚至被批評是濫用英文的情況下，指責孩子們不懂國字，可以說是自相矛盾。我們反倒是要去理解，孩子們在閱讀國字組成的教科書時有多麼困難。

家長世代和孩子們接受資訊的媒體也不同，孩子們透過數位媒體與世界交流，因此他們長大後的數位素養也絕對優於我們。最近的小學生使用VR學習科學，在元宇宙和朋友們一起學習數學概念，只用圖像語言，例如：表情符號、迷因和梗圖等，就可以和朋友們溝通無礙。

《Minecraft（中譯：麥快）》遊戲廣受全世界孩子們的歡迎。在這個遊戲中，玩家可以在自己的虛擬世界中收集材料來設計並建造房屋。微軟在二〇一四年收購該遊戲開發商，強調該遊戲的教育效果就像是「數位時代的樂高」。孩子們在虛擬空間自由自在地建造房子、進行創作並和朋友們交流。雖然在家長世代，設計虛擬3D空間的活動還很陌生，但對孩子們來說並不困難。歐洲地區韓語學校的青少年營隊，正在運用這個遊戲展開重建韓國多個遺跡的專案。不久前，我在位於倫敦、全球最大教育科技博覽會ＢＥＴＴ（British Educational Training and Technology）接觸到許多編碼教材和教具。現場也見到像是小學和國中的孩子們正在參觀，他們不用聆聽教具用法，也自然懂得使用符號和圖畫接觸編碼。

我在小學二年級時，有一次學校作業是找出五十個可以表達「粉筆」的詞彙。於是我想到了白色、長長的、粉末、黑板等，在想出五十個詞彙的過程中，我發現自己的詞彙能力提升了。同樣地，你也可以試試看和孩子們一起進行這樣的活動！

首先，對於習慣電子黑板的孩子們來說，他們的粉筆應該不同於家長世代的粉筆。孩子們一聽到這個作業，可能就會拿出平板電腦或筆記型電腦等電子設備，也可能會說出家長世代完全意想不到的回答，或許還會回答出圖片、照片、影片、聲音等多種形態的符號語言和外來語。

家長世代透過面對孩子們的語言和自己世代的語言，更能夠理解孩子們說的話，並更順暢地和孩子們溝通。此外，家長也可以透過孩子打開新世代的感知能力。正如法國哲學家賈克．洪席耶（Jacques Ranciere）所說，老師和學生、家長和子女之間，並非是固定的「你教授、我學習」的關係，而是共同學習、相輔相成的關係。

我的孩子，
在未來有優勢嗎？

牛津大學裡不需要「模範生」

在牛津大學的新生面試中，每年都會遇到優秀的學生。在過去十四年間，每到十二月的第一個星期，就是學校的面試週，而我擔任東方研究學院的招生委員會主任已有七年，看過了無數份自我介紹。我發現，私立學校的學生們會提交明顯受過指導的面試資料，在面試時一聽到面試官發問，就能夠滔滔不絕說出演練多次的回答。但是，在牛津大學，九成的面試官都不喜歡這樣的學生。

有些學生感覺好像讀完了所有的書，也有些學生信誓旦旦讀過我的書，但只要多問幾句，就會發現他們只不過瀏覽過而已。我也看過很多擁有非常厲害的獲獎經驗，資歷華麗的面試者。然而，牛津大學的教授們對於華麗的經歷並不感興趣。比起讀過一百本書，我們對於只看過一本書的人更感興趣；比起豐富的經歷和獲獎經驗，我們對於擁有深度的想法，深入研究過自身興趣的人更為好奇。也就是說，我們在尋找的，是**對特定領域展現出豐富熱情的少數人才。**

在一次入學面試中，我遇到了一名叫湯米的學生，我問他為什麼想在牛津大學讀書，湯米回答，因為他想成為有錢人。通常很少有學生會這樣回答，但湯米理直氣壯地述說了自己的故事。他說，家裡沒有人上過大學，他想好好讀書，把爸爸的汽車修理廠經營得更好，然後成為有錢人。他對自己想要的東西既坦率又堅定。面試官們給湯米打出的分數，比在伊頓公學等名校接受面試培訓的學生還要高。湯米以優異的成績從牛津大學畢業，現在成功地經營著事業，就像在面試時一樣堅毅、理直氣壯和幸福。湯米或許是所謂的怪胎學生，但是，這正是牛津大學在等待的人才——能夠坦率表達自己、具有膽識的人。這些人，才是未來大學、社會真正需要的人才。

牛津大學認為學生將來的可能性，遠比至今取得的成就還要重要。比起在良好環境受到良好教育的乖寶寶，牛津大學更想尋找的是，在艱困環境中雖沒有受到特別照顧，但只要好好栽培，就可以長成大樹、像原石般曖曖內含光的人才。

為了申請牛津大學，通常需要在被稱為「A-Level」的英國大學考試中，獲得三個科目的 A，但偶爾也會有分數未完全達標的學生申請。然而，這些學生被錄取的情況並不少見，牛津大學也會提供全額獎學金給家境困難的學生。獲得獎學金的學生多會在成功後回到學校捐款，回饋給和自己以前處境相似的學弟妹。

和英國孩子不同的是，亞洲學生們熱衷於累積證照，似乎是為了證明自己的能力，希望在考試、比賽上取得客觀的分數或成果。亞洲特有的證照文化從童年就開始了。鋼琴練到徹爾尼第幾首、跆拳道黑帶、英文幾分等標準，逐漸形成了「至少要達到某種標準」的壓力，遺憾的是，這不僅奪走想像力成長的空間，而且就算取得了各種證照、考試分數，也很難真實反映出孩子的能力。為了考試而學的知識，贏不過出自興趣學習，或是累績豐富經驗而內化的知識。

在孩子的教育上，我想家長的角色，應該是尋找出孩子能夠真心投入的事物，並幫助他們接觸那件事。這樣一來，在某個時刻，我們就會發現孩子神奇地具備了無人能及的、真正的「力量」。

在創造力的時代，團隊合作將成為勝出關鍵

「如果我看得比別人遠，那是因為我站在巨人的肩膀上。（If I have seen further, it is by standing on the shoulders of giants.）」一六七五年，艾薩克．牛頓在信中寫下這句話，意味著再偉大的成果也不能居功於個人。牛頓將成就歸功於前輩科學家的研究。二〇一七年，物理學家史蒂芬．霍金發表論文時也引用了該句話：「每個世代都站在上個世代的肩膀上，就如同我在劍橋攻讀博士時，也曾在牛頓、馬克士威和愛因斯坦的研究中獲得靈感。」

諾貝爾博物館將諾貝爾得主的關鍵力量定義為「創造力」，為了發揮這種創造力，需要具備和他人溝通與合作的能力。也就是說，沒有合作就無法創新，不管是擁有多麼卓越想法的聰明人，如果不能和他人溝通，就難以獲得成功。

現今教育界的討論焦點已不同於以往，不再僅僅追求效率，而是著重於情感與共鳴。複雜的全球議題無法僅靠個人解決，唯有團隊合作才能產出成果。因

此，透過情感與共鳴來促進溝通、合作與和諧，變得比以往更加重要。這種能力不受限於上下關係，必須尊重彼此角色，並建立平等的協作關係。

除了負責招生事務，我也經常擔任教授聘用評審委員，當中請者都很出色，不僅經歷相似、論文數量也相近時，比起履歷上的客觀條件，最終考慮的關鍵因素還是這個人能否與他人共事。**懂得傾聽他人、善於溝通並具有彈性的人會是更好的選擇，如果再加上責任感和體諒他人的心，就更完美了**，因為研究工作很倚賴團隊合作，像是生物科技研究室，往往需要數十人合作才能完成一篇論文；在氣候研究所，為了研究全球氣候，也常見到世界各地的研究室緊密合作；同樣地，日常生活中看電影時，我們在片尾經常會看到長長的工作人員名單，即便電影僅有兩個多小時，但在投資、製作到上映的過程中，規模化的合作不可或缺。

比起獨自苦幹，更需要的是「連結」的能力。連結擴大規模，規模才能創造經濟效益。第四次工業革命時代，以過去無法想像、現實與虛擬的無邊界化，顛覆性擴大了規模程度，但最終，連結還是必須仰賴「人」來運作。**從現在培養孩子的合作意識與能力，才能讓他們在未來的互聯世界中，不用孤身面對挑戰。**

懂得與ＡＩ共處的孩子

並不擔心被取代

現在的孩子是「AI原住民」

在新冠疫情期間，學校暫停了實體課程，將近兩年的時間裡，我的小女兒潔西有三分之一的課程只能在線上進行。雖然現在已恢復線下課程，但大部分學校作業仍是在網路上完成。對潔西而言，網路已是日常生活的一部分——她從小就能熟練操作電腦和平板，甚至在還不會寫字時就開始使用表情符號，最近還會和朋友在元宇宙平台 Roblox 上玩遊戲。潔西也習慣了自動拼寫修正功能，和朋友或遠在海外的長輩聯繫時，比起實際見面，更常透過視訊交流。這一切都讓我意識到，無論形式如何，這些孩子的生活終究與AI數位空間緊密相連。

「數位原住民」一詞是由馬克．普倫斯於二〇〇一年提出。他在《數位原住民，數位移民（Digital Natives, Digital Immigrants）》中，將其定義為「在電腦、手機等數位環境中成長的年輕人」。但數位環境隨著設備多樣化和技術的迅速發展，早已截然不同，因此，我認為現在的孩子更屬於「AI原住民」。

我認為，包括Z世代（一九九七至二〇一〇年出生者）、α世代（二〇一〇年後出生者）以及未來的世代，都屬於「AI原住民」。對他們而言，AI是夥伴，VR是遊樂場。這些科技在語言學習、程式設計和寫作上都產生了巨大影響。然而，部分國家卻立法禁用ChatGPT，業界擔憂這種做法會背離時代潮流。對AI世代的孩子們來說，這樣的限制就像在紙筆時代禁用字典，或禁止千禧世代使用Google等搜尋引擎。**我們要做的不是選擇是否使用AI，而是教育未來世代如何善用它。**我們應學會接受AI的幫助，但不完全依賴它，並培養批判性思考的能力，因為AI在某些情境問題下，可能提出不道德的解決方案。

最近在教導「AI原住民」時，我意識到自己能教的並不多，因為孩子們對AI的理解遠超過我。在捷克參加為期一週的AI集中研討會時，我原本計畫教授各種AI工具的使用方法，但參加的二十多歲年輕人僅用一小時便能輕鬆探索數位空間，幾乎不需要我的協助。我發現自己在這個領域的角色不是教育者，而是引導者。Z世代和α世代對數位空間十分熟悉，AI對他們而言已是生活中的基本技能，而且透過充分運用AI，他們能夠更有效率地生活。

和ＡＩ一起玩出創造力

隨著ＡＩ時代的展開，教育將迎來巨大的轉變，未來我們在教育與學業評估機制上，該如何因應與調整呢？不同於大眾憂慮的態度，我持相反的立場，我認為ＡＩ不僅不會帶來教育的危機，反而會創造新的可能性。例如，ＡＩ老師可能解決氾濫的補教問題。

儘管一些學校試圖在校內禁用ChatGPT，但這樣的做法只是徒勞無功，因為孩子們在家仍然可以使用它。對於「ＡＩ原住民」而言，他們在數位世界一如水中的魚般遊刃有餘。相較之下，我到了二十歲後半才接觸數位科技。為了讓孩子獲得能夠因應未來的教育，我們這一代的家長，需要更努力去理解新一代，同時思考如何幫助孩子在ＡＩ時代中找到自己的路。ＡＩ的發展將帶來傳統教育的終點，而我非常期待與好奇，孩子將會生活在什麼樣的新世界中。

在ＡＩ時代，ＡＩ和人類形成了適當的分工結構。從教育界的觀點來看，這代表著「記憶知識」與「應用知識」的分離。應用知識是人類的責任。我們要教導孩子們如何運用既有知識和數據來應對問題，而非死記硬背。過去，人們認為擁有資訊是成功的關鍵，但如今更重要的是具備「創意」和「策略性思考」的能力。在我所參與的AI工作坊中，有些學生擔心AI會讓年輕世代變得懶惰和被動，也就是說，人們變得只會消費，而不再創造作品。確實，AI可能成為創造力的輔助工具，也可能削弱我們的創造力。

我發現，α世代（二〇一〇年後出生者）對待虛擬動物，就如同在照顧真實的動物一般，他們在元宇宙中學習數學，如同在遊戲中探索。我的小學生姪子用VR飼養白粉蝶，並觀察其成長過程。為了測試AI和人類的思考差異，我還請小女兒傑西畫出「與AI共度的日常」。

潔西畫的第一張畫裡，她正在寫作業，但是解題解錯了，之後在機器人的幫助下答對了問題，老師豎起了大拇指。第二張畫中，潔西和機器人朋友一起在櫥櫃偷吃餅乾，媽媽（我）得知後大發火，於是潔西和機器人把餅乾放回櫥櫃，接著媽媽（我）給潔西餅乾，為機器人加機油。

❖ 圖說文字：（左起）潔西和機器人一起寫作業。潔西和機器人一起偷偷吃餅乾。此圖為由 AI 繪製的「與 AI 共度的日常」。

看完潔西的畫後，我也向OpenAI開發的DALL-E2下達指令：「畫出機器人與人類和諧相處的模樣」。隨後，ＡＩ畫出了兩個機器人跳舞和聊天的樣子。和潔西的畫相比，ＡＩ的畫顯得單調許多。

如果要求DALL-E2畫出「外型是小狗的機器人，和孩子一起坐在山坡上」，或許ＡＩ會畫得比潔西更出色，但這個想法的創意不是出於ＡＩ，而是出於我。

我問潔西為什麼想畫那些內容？她說：「我就只是想那樣畫。」ＡＩ並沒有這種直覺式的創意。我認為，如果想更靈活運用ＡＩ，這些將成為未來主要使用者的孩子們，首先要懂得盡情發揮創意。

韓國政府宣布二〇二五年開始，部分中小學將引進AI教科書，取代傳統紙本教科書（編註：台灣教育部於二〇二四年推動AI助力，融入中小學數位學平台）。此外，政府計劃提供每位學生數位設備，以實現數學、英文、資訊科技的個性化學習。在推動第一階段後，再視情況決定擴展其他科目，目標是在二〇二八年全面使用AI教科書。往後的學習模式將和過往出現明顯斷層，過去我們常以「讀書」來表示學習，未來我們可能不再需要「讀」，取而代之的是更多的「觀看」。

AI時代的家長們，因應時代的改變調整教育方式並不難，例如，我們可以試著讓孩子和ChatGPT一起創作，寫篇以春天為主題的文章，或者和AI共同創作童話故事。除了創作外，和AI聊天問答，或者和AI一起玩規則簡單的遊戲也不錯，都有助於提升孩子的創造力。此時，與其拿孩子和ChatGPT做比較，不如稱讚孩子做得很棒的地方，和孩子一起以充滿好奇心的態度討論ChatGPT創造的成果。如此一來，孩子一邊和ChatGPT互動溝通，一邊就能自然達到最好的學習效果。

避免孩子數位成癮的方法

無論是哪個國家的家長，大概都不希望孩子長時間沉迷在YouTube或遊戲，我也是如此。然而，如果家長沒有花時間陪伴孩子，或提出更有趣的對策，一味要求孩子也不會有用。

我回韓國時，常常在餐廳看到大人讓孩子自行觀看手機或平板。這樣的景象，不僅我先生感到訝異，我在英國也從來沒有見過。多數家長為了讓孩子在餐廳裡不哭鬧、不亂跑亂跳、不做出脫序舉動，習慣以電子設備吸引孩子，換取一段用餐的時間。但是，英國的孩子也一樣調皮吵鬧，卻沒有這樣的景象呢？

美國兒科學會建議，不要讓未滿十八個月的孩子觀看影片，除了和家人或朋友視訊以外，不要讓十八個月至二歲的孩子看螢幕，而二歲至五歲的孩子一天不要看螢幕超過一小時。這裡的螢幕，指的是電視、電腦等所有電子設備。此外，就算給孩子們觀看，也僅能觀看經過嚴格挑選的優質內容。最重要的是，兒童在觀看影片時需要媽媽、爸爸或監護人陪同。當然，這些都只是建議，實際上還是會根據每個孩子的發育狀況而有差異，但是，家長仍然要多觀察孩子看影片的狀況，是否在身體活動、遊戲、睡眠和社交等方面造成負面影響。

在大腦發育期過度接觸數位媒體，會對大腦和人格發展產生不良影響。大腦在觀看數位媒體時，通常只會刺激枕葉，因此漸漸演變為只對華麗聲光效果有反應，容易導致掌管大腦整體的額葉發育遲緩。額葉負責調節衝動、管理情緒、計劃和決策等功能，如果這些部分出現問題，專注力和注意力就會逐漸下降。

難道都不能讓孩子們觀看影片嗎？我並不是這個意思。還是有方法的，那就是在孩子觀看影片時，家長必須以身作則。例如，規定在家裡完全不能看影片，並且和孩子一起執行。我們家會在進門後把手機放在鞋櫃上，這是為了能更專注在與孩子的對話上，不因為手機分心。

我深刻明白，下班後還要花時間陪孩子，真的很考驗家長的體力，但對孩子而言，這樣當面聊天的經驗不可卻缺。陪孩子的時間越長，約能縮小數位媒體產生的溝通差距。通常十歲以下的孩子話很多，總是一股腦想把在幼稚園發生的事情、在學校發生的事情一一告訴爸爸媽媽，如果家長能夠好好把握這樣的時間，自然而然就會減少孩子投入在電視或遊戲上的時間。

不過，知己知彼，百戰百勝，如果把電玩、影片當成阻礙孩子學習的敵人並不是很恰當，家長反而更應該多去了解它們。最近，我的小女兒和朋友們熱衷於《Roblox》和《Minecraft》。只要提到這些遊戲，她就會非常開心和我分享在虛擬世界裡的體驗。

我和先生也會刻意抽出時間，和孩子一起看電視、打電動、分享遊戲經驗，甚至討論電視的優缺點。如果不了解孩子看的影片、玩的遊戲，不分青紅皂白責罵禁止，只會破壞親子間的和諧。因此，不妨傾聽孩子感興趣的事情吧！遊戲可以打開孩子和家長間的窗，當孩子覺得和家長溝通順暢，孩子才能夠真心接受家長對於使用數位媒體的建議。

【立刻和孩子一起練習】趨勢感UP！

❖ **讓孩子嘗試執行一個感興趣的長期專案！**就像我的大女兒花了一個月時間做出亞馬遜模型一樣，讓他們自由鑽研喜愛的事物。

❖ **不要執著於分數和排名。**AI時代要求的是對特定領域的洞察力，比起孩子的不足之處，請多觀察他們擅長和喜歡的事物。

❖ **培養閱讀習慣，就算只看一本書也可以。**重質不重量，繪本、漫畫等任何書都可以，在孩子看完書後一起思考和交流。

❖ **試試看「發表」遊戲。**讓孩子介紹自己喜歡的玩具或書，這時如果家長能表現出更多的興趣、踴躍提問，孩子就會更雀躍說明。

❖ **帶孩子去博物館或美術館寫生。**讓孩子盡情觀察有趣的畫作、精美的文物或者感興趣的作品，讓他們在素描簿上自由作畫，家長最好也一起加入！

- **幼兒期每次觀看螢幕的時間，建議限制在二十分鐘之內。**
- **偶爾和孩子一起打電動。**一起聊聊遊戲內容，給予他們共鳴和理解。
- **吃飯時把智慧型手機收起來。**多花時間和孩子對視，聊聊餐點的味道、今天過得怎麼樣等日常對話。

CHAPTER 04

社交感：從親子對話培養對外能力

每到下午三點左右，當其他國家的人正忙得不可開交時，英國的午茶時間開始了。煮開水壺裡的水，在盤子擺上點心，人們逐漸聚集到桌旁。或許你以為這樣會降低工作效率，但下午茶的核心其實在於交流，大家靠近彼此、互相問候、累積親密感，藉此感受友誼、同事情誼或家人情誼，這正是英國人能在午後時光，以輕快的心重啟一天的祕訣。

孩子們因為學到的東西還少，所以看來難免笨拙。就像我在國中二年級學到方程式時，覺得數學既有趣又困難，但當我升到高中一年級時，卻發現當初覺得很困難的方程式根本不算什麼。每個人都不斷在成長，也都有曾經笨拙的時光。

英國的家長對孩子的笨拙和緩慢大多很寬容，他們很少催促孩子，而且幾乎不會說「在我像你那麼大的時候」之類的話。英國沒有比較自己和孩子之間的文化。孩子是孩子，家長是家長。他們也不會說「都是為你好」之類的話語，這句話其實有很多問題，是將家長逼迫孩子競爭的意圖，包裝成有助於孩子未來的善意。韓劇《天空之城》所展現的親子教育環境是否實際存在，在英國引起了爭議，《黑暗榮耀》在英國也出現了類似的反應。然而，在其他國家，家長強迫孩子，卻佯裝都是為孩子好的情況，現實中大概不難看見。

「我來切年糕，你去寫字吧。」朝鮮時代著名書法家韓石峯與母親的軼事非常有名。韓石峯的母親為了不讓困苦的環境影響兒子學習書法，即便自己不吃飯，也要為兒子買很多紙和墨。孟母為了孟子的教育不惜多次搬遷也是一例。賣地又賣牛，只為了讓孩子進到都市的故事，不只發生在過去，現代父母同樣也會選擇加班拿加班費，讓孩子再多上一間補習班。

韓石峯的故事、孟母三遷、家長的犧牲……，在我們社會中屢見不顯，聽到耳朵都快長繭了。現代社會，是否在不知不覺間逼迫家長，特別是逼迫母親為孩子的教育犧牲呢？雖然在英國也有很多關於母愛的故事，但完全沒有推崇母親犧牲的故事。在英國的學校中，我也沒有看過一心只想讓孩子上名門學校而拚命補習的極端家長。如果媽媽犧牲自己的生活來控制孩子，孩子也會失去在自己人生中的立足之地。

我在負責牛津大學的招生工作時，每學期都會舉辦入學說明會。有趣的是，大部分學生都是一個人來參加，這跟我熟悉的景象完全不同。我記憶中的入學說明會總是擠滿了家長。家長們為了孩子，幾乎搖身一變成為入學考試專家，孩子則像被家長牽著走般，在入學過程中一路茫然。甚至有些家長還會干涉大學的選課，讓我不禁想問，這些孩子、真的有機會培養為自己負責的獨立性嗎？家長事先打點好一切的行為，事實上並不是「為孩子好」。

過度重視「學經歷」的文化也是個問題。年紀漸長，我逐漸認為謙虛的價值高於優秀，因為謙虛的人懂得如何與他人和睦相處。從小開始強調能力而非品性的社會，會讓孩子背著華麗空殼虛度一生。然而，我在牛津大學見過的人當中，有佛洛伊德的曾孫、托爾斯泰的曾孫女、諾貝爾生理學獎得主伯納德．卡茨博士的兒子喬納森．卡茨博士、法國結構主義先驅兼現代語言學之父索緒爾的曾孫等。我遇到的這些人雖然都對生活充滿自信，卻不會自滿或傲慢。

我在牛津大學主辦畢業典禮時，由於學風重視傳統，畢業典禮依然以拉丁文進行，因此我也需要會使用拉丁文。雖然我在大學時學過拉丁文，但幾乎都忘記了，是喬納森．卡茨博士教會了我拉丁文，他不僅非常親切地教我，甚至開玩笑說我是他教過最棒的學生。喬納森．卡茨博士負責牛津大學所有正式的拉丁文活動，同時也是全球著名的鋼琴家。用我們的說法，他就是有如神一般的存在，然而博士非常好相處，也很謙虛，甚至還會和我的小女兒開玩笑。

我在牛津大學遇到謙虛又好相處的人們，讓我明白家庭氛圍對個性的影響。喬納森．卡茨博士和佛洛伊德的曾孫都是猶太人，但觀察他們的家庭氛圍可以發現，他們從小就能自由地做自己感興趣的事情，而且總會得到鼓勵，受到支持自己的家人深刻的影響。孩子的人格形成始於家長對孩子興趣的尊重，正如諺語「Sharing is caring.（分享即是關懷）」，真正愛的表現就是「陪伴與支持」。

沒有對話
就沒有學習

不被允許表達的孩子

有些孩子和大人互動時似乎很不自在。過度講究「長幼有序」的倫理文化，有時候反而容易形成溝通的壁壘，阻礙孩子表達意見。如果從小經常被罵：「大人說話，小孩插什麼嘴！」孩子就會認為不參與對話、安靜順從才是美德。在長期說話受到無視的情況下，往後即使必要也不再願意開口。

家長不需要同意所有孩子的話，重要的是「認真傾聽」，避免只憑一兩句就立刻否定的溝通模式。即便想要拒絕，也要先仔細聽完孩子說話，再以他們能理解的方式慢慢說明，孩子才會覺得受到尊重。雖然不能任由孩子予取予求，但可以盡力向孩子說明，如果需要等待，就讓孩子等待，這才是家長的角色。我們和孩子的對話是造成傷害還是成為養分，都取決於我們的態度。

孩子的成長過程中，與大人之間融洽的對話是不可或缺的養分。就像爸媽會用心回應孩子的話語，孩子們也應該學習回饋爸媽的話語。如果孩子在家喜歡和爸媽對話，那他們在外面也不會害怕和其他大人交談，能夠體會對話、溝通和交流的樂趣。**所謂的社交能力，就是能夠與他人見面、並愉快交流的能力，這對任何人來說都是有益的能力。**有一種人，能夠自信接近自己感興趣的人，而對方往往也會以認可和關心回應。這樣的人自然就會吸引他人，並受到大家的喜愛。若能成為他人渴望結交的對象，在任何人際關係中都能帶來好運。

透過參與大人的對話、觀察大人的溝通模式，可以讓孩子擴大視野，累積寶貴的間接經驗。**如果能夠為孩子打破年紀的隔閡，孩子的世界將變得比我們想像的更加寬闊。**我的一個學生說，他在國中時會和關係很好的補習班老師一起暢談人生。他們的對話不僅止於課程，還會延伸到學習的困難、想透過補習達成的目標等，透過與老師深談夢想和煩惱，他也不知不覺描繪起自己的未來。

親子間缺乏溝通是「世代對立」的原因。假如孩子從小被灌輸的觀念是必須順從長輩，就會難以拉近和長輩的距離，未來在職場上面對年長的同事不知道怎麼溝通，反過來說，遇到比自己年輕的晚輩時也是如此。

不久前，我在義大利旅行，進入某間餐廳用餐時，一位看起來像老闆兒子，年紀約莫七、八歲的孩子走了進來。他靠坐在櫃檯上，一邊吃著零食，一邊和站在周圍喝酒的爺爺們開心聊天。他似乎對這種情況很熟悉，大方暢談的模樣看起來非常美好。我發現，在英國的週末早晨，很常見到三代同堂在酒吧裡和睦用餐的景象，孩子和大人暢所欲言，很少看到孩子盯著智慧手機看的畫面。我曾經在路上遇見牛津大學校長騎著腳踏車去開會；學生們對權威人士沒有無謂的幻想，不管是在教授、校長還是在首相面前，都能夠侃侃而談。

幾年前開始研究語言恐懼症後，我發現這個問題的起因之一，也是源於很多人認為英文好的成年人、同儕、老師和外國人帶有權威感，並對此感到畏懼。為了幫助孩子建立不受限權威的自信，家長的角色十分關鍵。只要我們的孩子具備尊重和禮貌的心態，就應當在「年齡」的限制上得到更多自由。

懂得交流的樂趣、具有社交能力的孩子，在學習上不僅效率好，往往也學得更深入，因為他們能夠輕易向他人傳達所學，也能夠毫無顧忌提出自己的問題。反之，不善於對話的孩子經常錯過深入學習的機會，只能單方面接收別人教導的知識。對話能力的增加，對孩子學習來說是如虎添翼。

孩子不懂拒絕，怎麼辦？

不管ＡＩ發展得多強大，想要有好的表達能力，就不能不和人互動，就算把互動說成是兒童語言發展的全部也不為過。親子間良好的互動品質，必然包含對話中的傾聽，那是讓孩子健康、聰明成長的基礎。即使我們自認每天都有和孩子充分對話，但仔細回想就會發現，這些互動更像是單方面的命令或指示，例如：「快點吃飯」、「快去洗澡」和「快去睡覺」等，這些話語並不是真正的互動。

我小時候是個總是說「好」的乖寶寶，我覺得拒絕的話語不太禮貌，也認為當我說「不」時，很明顯會被朋友冷落或是被大人訓斥。然而，仔細回想，「拒絕」的行為其實是一種生活技能，用來守護我們自己，確保個人的主體性不受他人侵害。家長若在對話中給予孩子尊重，孩子就能從中學到拒絕的方法，也更懂得如何清楚表達自己的想法。

剛來英國留學時，我也不太會和指導教授相處。指導教授看起來充滿權威感，就算有話想說，我也會把話吞下去。教授察覺到我的情況，要我直呼他的名字。雖然我心裡想著「我怎麼敢直接叫指導教授的名字？」但我還是在教授的鼓勵下逐漸克服了恐懼，成為一個敢於討論、發表意見的人。我明白了這樣的行為非常值得讚許，也明白了提問並不是攻擊對方的武器，而是一起尋找解決辦法的過程。但由於我不像英國人從小就習慣提問，所以花了約四、五年的時間，才成功克服對於提問和討論的排斥感。我們也可以做些什麼事情來幫助孩子習慣提問和討論呢？

我認為家人一起用餐的時間是珍貴的對話時間，特別是晚餐時間。當孩子們一邊吃晚餐，一邊說今天發生的事情時，我們夫妻倆會認真地傾聽孩子們的話。當孩子們否定或拒絕我們時，我不會指責她們，而是詢問她們為何這麼想。如此一來，孩子們自然而然會練習在腦海裡整理自己的意見。

此外，家長也會有犯錯的時候，但由於孩子比我們缺乏經驗，所以不太會察覺到，當我們犯錯時，與其隱瞞孩子，不如和孩子一起尋找答案，孩子將體會到自己是一個受尊重的個體。在孩子面前犯錯時，家長的後續行動也會對孩子的情緒發展產生很大的影響。英國孩子們經常說：「Zip it. Lock it. Put it in your pocket.」意思是如果你很想發火，就閉上嘴巴，把情緒或想說的話放進口袋。在快對孩子說出傷人的話語時，像咒語一樣背出這句話吧。萬一沒有成功忍住攻擊性或情緒性的發言，絕對不要含糊其辭，而是應該明確地道歉。

兒童時期與家長溝通的經驗對青春期的影響很大。我上國中的大女兒莎拉和爸爸感情很好，從在學校和朋友發生的事情到私密的煩惱，任何瑣碎的事情她都會和爸爸分享。這樣的對話習慣從兒童時期一直延續至今。透過對話持續受到家長尊重的孩子，即使到了青春期也會持續和家長溝通。

對話是真正的學習，儘管對話和討論的習慣無法在一夕之間養成，但我們可以從今天的晚餐時間開始，和孩子好好對話。我偶爾會透過育兒綜藝節目看到韓國家庭用餐的情景，全家人很少有機會聚在一起吃飯，考慮到現代人的工作環境和育兒環境的特殊性，我能理解這種時間很難安排，但是，為了家庭的和睦和孩子的未來，**我認為每天至少應該有一個小時對話時間，讓孩子感受到家長的尊重對話時間，那麼孩子一定會像喜歡滑手機一樣喜歡上和家人聊天。**從今天開始，投資一些時間吧，就算飯菜不華麗，甚至是調理包也好，孩子並不會在意。即使減少一些晚餐的準備工作，也應該要營造和孩子一起聊天的環境。孩子或許不會記得那天吃的飯菜，但一定會把和爸爸媽媽的珍貴對話珍藏在心中。

拯救孩子的話、傷害孩子的話

蘋果創辦人史蒂夫．賈伯斯的童年並不順遂。他的親生父母未婚即生下了他，當時的情況不允許他們撫養他，於是賈伯斯一出生就被別人領養了。有一天，他從朋友那裡聽說自己的親生父母是因為不想要他才拋棄了他，於是哭著跑回家，那一天，他的養父母很認真地看著他說：「我們是特別選擇了你。」他們慢慢地、重複說著這句話，每個字都說得很用力。多虧於此，賈伯斯一直都認為自己是個特別的人。

美國小說家歐．亨利（O. Henry）的作品《最後一片葉子》當中，主角畫家瓊西因為肺炎臥床不起，於是開始數起對面磚牆倒映在窗戶上的樹葉，想著最後一片葉子掉落時，自己也會跟著死去。聽說了這個狀況的鄰居柏曼，趁著深夜偷偷在磚牆畫上葉子，一夜風雨交加後，當瓊西打開窗戶，發現窗戶上仍倒映著許多葉子，這讓原本絕望的瓊西得到了力量，戰勝了病魔。話語也有這般神奇的力量，一句微不足道的話，可以點燃人們的希望，也可以令人陷入絕望。尤其，孩子對家長的話特別敏感，不知你是否每天都為孩子帶來希望？

我在大學一年級時，世界級大提琴家馬友友（Yo-Yo Ma）曾到訪韓國世宗文化會館。我在排隊要簽名的時候，對馬友友說：「我以後也要成為像你一樣優秀的人。」馬友友反問我想成為什麼樣的人，我回答想成為一名世界級的語言學家，帶給人們夢想。當時短暫的對話間至今仍記憶猶新，現在想想，我的人生好像是由那些美好的瞬間匯聚而成的，雖然不可能每個人都實現夢想，但有夢想的孩子，就如同已擁有一片光明的未來。家長之於孩子，也能夠如同馬友友之於我一般，成為帶來鼓舞、希望的重要角色。

我還記得自己從高中開始就想去國外留學，雖然我很喜歡學習，但非常討厭為了考試讀書。高中時，我讀到韓國有機食品公司會長洪正旭的著作《七幕七章》，於是動了去美國求學的念頭，期待能夠藉此擺脫考試導向的教育。於是我寫信給父親，甚至做好要以絕食來表明心志的覺悟。然而，儘管在一九九三年的當時，以我父親公務員的薪資，要送子女去留學根本是天方夜譚，父親也沒有責備過我痴人說夢，反而表示他完全理解我的心情，但也坦言家裡的經濟狀況不允許，建議我可以在上大學後拿獎學金，就有機會出國留學。

我一上大學就立刻寫了一封長信，寄給父親在美國的朋友蘿絲瑪莉。信中寫道，如果她願意讓我寄宿，我可以幫她做家事，而且會在美國努力讀書，將來一定可以成為優秀的人。雖然留學路上不斷受挫，但經過多次嘗試，我終於在韓國取得碩士學歷後，出發前往英國留學。

我的父親沒有因為我不切實際的夢想責怪過我，反而認真向我說明家裡的情況為何不允許。我想向父親表示無限的感激。多虧父親那番話，我才沒有灰心喪志，能夠繼續探索夢想之路。

相反地，我也記得曾經澆熄我熱情的大人。小學四年級時，鋼琴老師對我說，手太小的人沒辦法彈好鋼琴，於是我放棄了鋼琴。直到三十五年後的今天，那句話依然留在我心裡。美國詩人朗費羅（Henry Longfellow）曾說：「破爛的夾克很快就能修補好，但尖銳的話語會長久傷害孩子的心。（A torn jacket is soon mended; but hard words bruise the heart of a child）」所謂尖銳的話語，指的是貶低、輕視或者將孩子與他人比較的話語，尤其當這些話語從世上最珍貴的爸媽口中說出時，更像是鋒利的箭，深深刺進孩子的心裡。

不久前，小女兒寫了一封信給我，上面的錯字實在多到不行。看著那封信，我腦中浮現了兩種回答，第一種是：「謝謝，但是妳怎麼拼錯這麼多字啊？」第二種是：「真的很謝謝妳。」我想了想，決定選擇第二種回答。老實說，對孩子寄予厚望的我們，真的很難不去指責孩子的錯誤。然而，我還是希望第二種回答能夠在孩子心中不斷累積，為她建立起安全感的堡壘。未來，當她在學習事物時，這座堡壘能夠成為穩定她內心的安定力量。

孩子最需要得到稱讚的時刻

一直以來，我們的教育不斷強調稱讚的重要性，有時候也會聽到要警惕過度稱讚的說法，避免讓孩子變得太自滿，或是產生必須得到好評的壓力。然而除此之外，關於「鼓勵式稱讚」的討論卻很少。當孩子表現好的時候，要稱讚他們很容易，除了身為家長的我們，也有很多人會稱讚他們。但是其實，孩子最需要稱讚的時刻，反而是他們跌倒、犯錯的時候，在最渴望得到安慰的時刻，家長的鼓勵會影響孩子的一生。

我永遠不會忘記我人生中最緊張的日子，那就是參加大學聯考的日子。對我來說，考上首爾大學有一個重要的意義，那就是實現爸爸因為貧窮而無法實現的夢想，但我卻考得比想像中還要糟糕。我已經做好要承受爸爸的憤怒和媽媽的失望的覺悟，回到了家裡，爸爸卻只是說：「知恩，沒關係。」我至今仍然忘不了爸爸那仁慈的聲音。甚至，爸爸馬上提議週末一起去登山旅行，完全超出我的意料之外。因為爸爸總是很忙，所以我們家很少有機會全家去旅行。我記得那次旅行，讓我得以放下考試結果帶來的所有煩惱和擔憂。

家長是孩子感到艱辛時，可以給予安慰的人，也是孩子犯下錯誤時，先上前擁抱他的人生前輩。我們大多都有過在回顧小時候犯的錯時，發現那其實沒什麼大不了的的經驗。甚至現在身為家長的我們，也依然是會犯錯、會持續成長的不完美存在。**當孩子意識到，隨時願意擁抱自己不完美之處的人就在自己身邊時，這種安定感會成為孩子一生的珍貴資產。**

有一天，我平時用來寫作的電腦故障了。我在電腦上看到了水漬，氣得大吼是誰弄壞的。大女兒和先生都否認了，小女兒則正在睡覺。當時我怒火中燒，後來才聽先生說，小女兒一邊哭一邊坦承是自己做的，因為怕被媽媽罵才不敢說出來。於是，我抱住鼓起勇氣坦白的小女兒，也決定不再追究。我認為，鼓勵提起勇氣認錯的孩子，比追究過錯本身更重要。

孩子就像兒時的我們一樣，在跌倒犯錯時，自己比任何人都難過。當孩子因

不安和恐懼而搖擺不定時，他們能依靠的人不是別人，正是父母。在應該挨罵的情況下聽到的鼓勵，甚至會令人感激到流下眼淚。這樣的記憶會帶給孩子不管犯下什麼錯誤，都能夠重新站起來的力量和勇氣。

關鍵時刻，家長的心態

家長的著急，會引起孩子的焦慮

有個孩子被家長要求一定要贏過班上的某位朋友，甚至被安排去上和同一間補習班。孩子努力找尋那位朋友的弱點，當覺得自己稍微贏過朋友時，便難以隱藏內心的喜悅。他學會了如何在競爭中獲勝，也考上了明星高中。然而，那個孩子在上高中後產生嚴重的學習倦怠，漸漸拒絕與家長溝通，最終不得不放棄學業，專心接受治療。

有些家長認為，朋友間的競爭心態是刺激學習的強烈動機，值得鼓勵，認為「出於什麼動機都沒關係，只要能激勵孩子認真讀書就好。」但我希望家長能站在孩子的角度仔細思考，並且仔細觀察孩子，看看他們是否為了追求卓越的成果而感到害怕、焦慮或緊張，以及反思自己是否忽視了這些情緒，在對孩子的成績感到欣慰的同時，無意中也帶給孩子很多壓力。要特別注意的是，孩子內心的倦怠感一旦形成，就不容易消除。

補習教育的出現，正是基於家長害怕孩子落後的心理。根據某一位學生的分享，他小時候只要在補習班稍微表現優異，補習班就會慫恿家長讓他加入密集特訓班；如果數學和科學特別好，就會被安排參加奧林匹克競賽；如果英文特別好，就準備托福考試。補習班營造出一種氛圍，讓家長無論如何都想把孩子送到專為少數學生設立的資優班。這些資優班的進度通常會超前，對於學業成績的要求也更高。然而，那位學生提到，自己在經歷補習班的特訓洗禮後，反而對數學和科學失去了興趣。

像這樣的資優制度，會讓未能擠入少數名額的孩子感到自卑；那些中選的孩子們，也會被灌輸目標導向的競爭意識和優越感。在高度競爭的環境裡，孩子往往會忽視自己的心理健康。因此，就算相信資優班對於孩子的才能、未來有很大的幫助，家長最優先的事情，仍然是積極傾聽孩子的學習意願。如果孩子還沒準備好面對競爭，可以試著尋找其他方式發揮孩子的才能，即使慢一點、效率低一點也沒關係。

為什麼不該為孩子而活？

韓國有句話這麼說：「為了孩子的教育，家長得獻上自己的人生」，意即家長應該為了孩子犧牲一切。《最近孩子們內心煎熬的祕密》一書的作者金賢秀是位精神科醫師，他在與家長們溝通時，常會詢問家長「活下去的理由是什麼？」，大部分家長的回答都是「為了孩子」。只有再問第二個理由，才會出現「為了自己」的回答，但這也是因為「為了養育孩子，自己必須保持健康。」家長的人生目標，幾乎都繞著孩子打轉。

你曾經聽過父母說過這段話嗎？——「你知道我是為了什麼而活的嗎？我是為你而活的。」這句話裡充滿了期待，期望孩子實現自己事前設定好的人生目標，家長為了孩子的飛黃騰達而犧牲自我，雖然希望孩子對此心懷感激，但對孩子來說，這會造成很大的心理負擔。**如果為了自己活著的家長看起來並不幸福，孩子就會認為原因出在自己身上。**如果在達成目標的路上不斷遭遇挫折，孩子可能會認為「我根本沒辦法讓父母幸福」而失去動力，也有可能經常反抗，讓家長不再對自己抱有任何期待。家長對這樣的孩子感到失望，甚至覺得自己被背叛，而孩子則因為家長的期待和付出而心生憤怒，因為他們從未要求家長為自己如此犧牲。這正是叛逆的孩子與疲憊的家長間最典型的衝突場景。這種青春期少年的行為模式並非一夜形成，而是孩子在長期承受過度期望的壓力下，不斷累積的結果。

你是否為了孩子的教育，投入了負擔過重的費用？補習費不斷刷新紀錄，在整體學生人數持續減少的情況下，等同於每個孩子分攤的費用都增加了。然而，如此龐大的教育支出卻無法保障光明的未來。當已經投資了龐大的金額，難免會希望在孩子的學習成效上看到「投資效益」。

你是否一直為孩子煩惱、擔憂，逐漸遺忘什麼是自己的生活？父母自己必須感到幸福，孩子才能幸福地學習與生活。如果孩子看到因為自己而枯竭的父母，就會默默產生「要讓爸媽開心」的壓力而犧牲自己。身為家長，在過度犧牲與吝於給愛之間，試著探索教養的中庸之道吧！其實，光是和睦的夫妻關係，就能為孩子帶來安全感，而且，我們完全可以擁有自己的興趣，即便該興趣與孩子無關也沒關係。孩子看著家長幸福度過與自己無關的時間，就會意識到家長的時間也和自己的一樣珍貴。

同樣地，在和孩子對話時，別只聽孩子說，自己也要適當地表達，讓孩子自然而然習慣在自己說完話後，也要去傾聽他人的話。還有，不妨把自己的生日也辦得和孩子生日一樣盛大吧！也就是說，在媽媽生日時，和爸爸一起幫媽媽慶生；在爸爸生日時，和媽媽一起準備，互相分擔，在這個過程中，孩子會了解家人是怎麼準備為自己慶生，也會意識到他人的生日也和自己的一樣珍貴。

沒有必要因為無法滿足孩子所有的願望而感到抱歉。在我小時候，媽媽偶爾會蒸餃子，一鍋可以蒸三十顆冷凍餃子，媽媽會分給我們三兄妹一人十顆。我們會各吃九顆，每個人為媽媽留一顆。不過媽媽總說她不喜歡吃餃子，把三顆餃子都給頑皮的弟弟。長大後，我一看到餃子就會想起八歲時捨不得吃掉的那顆餃子，也成為我童年美好的回憶。隨著家長面對「物質缺乏」的態度，孩子也可能留下幸福的感受。

家長是子女的鏡子，孩子的情緒深受家長情緒的影響。如果孩子經常看到家長皺著眉頭、唉聲嘆氣，很難快樂地成長。透過消極的視角看待世界的孩子，也難以在學業方面取得卓越的成就。如果家長過得幸福，孩子也會從中獲得打造健康人生的力量，反過也是如此。如果家長覺得和孩子相處的時間本身就很幸福，而不是總想著要為孩子做多少，犧牲，那麼孩子也會因為感受到幸福的氛圍的有正向的影響。

管教是必要的

家庭是孩子所屬的第一個群體，也是學習必要社會規範的地方。在教育孩子的過程中，適當的管教是必須的，尤其在安全、衛生觀念和人際關係方面，這也是為了幫助孩子未來離開家的保護後，能順利適應新環境，如幼稚園、學校等，透過管教，孩子可以學習到在社會生活的基本原則。而這些原則，在很多情況下，我認為只有透過家庭教育才能真正學會。

管教時，最重要的是要清楚且正確地向孩子傳達內容。必須清楚、一致地告訴孩子什麼該做、什麼不該做，對於無法妥協的事情，就必須表現出無法妥協的堅定態度，但絕對不能恐嚇或威脅孩子，也請記得避免使用攻擊性或指責性的語氣，那往往成效不彰，只會導致孩子因為過分害怕家長嚴厲的表情、動作和聲音，結果聽不進去家長想傳達的訊息，只記得當時的情緒。管教的最終目的是訓練孩子不論在家裡、外面都能好好生活，因此請別使用過於壓迫的方式，以免

❖ 想和對方道歉，但很難親自開口時，我們家會透過「對不起」卡片來表示歉意。

破壞家庭氛圍和親子關係。

孩子也和大人一樣，覺得坦白認錯和道歉很困難，因此請給孩子一點時間吧。當孩子們吵架時，我們夫妻倆並不會立刻追究對錯，而是先把孩子各自帶到不同的空間沉澱情緒，然後給他們五分鐘左右的思考時間。如果孩子知道自己做錯，卻難以開口道歉時，可以預先準備「對不起」卡片，像是我的小女兒覺得口頭道歉特別困難，所以她更傾向以卡片來表達歉意。

管教孩子時，孩子和家長都應該先平復情緒，以防演變成爭吵。如果管教變成爭吵，雙方都可能會對說出意想不到的傷人話語。此時，最好先尋找緩和情緒的方法，例如，做幾次深呼吸或暫時離開去其他空間。仔細想想，當我們在外面時，不管多生氣都不會輕易袒露出來。家長不能忘記孩子也像他人一樣需要尊重，甚至比其他成人更不成熟，因此不適合在孩子面前直接宣洩情緒，尤其，**孩子會藉由觀察家長平復情緒的模樣，學會自己整理情緒的方法**。請儘量在管教結束後，再和孩子說明自己壓抑住的情緒，「爸爸媽媽是因為○○原因，很擔心你，所以才會生氣。」請像這樣告訴孩子，並關心孩子受傷的情緒吧。

管教中很重要的一點，就是保持一致性。如果家長一直改變標準，或是父母意見不一，說出來的話就會喪失權威性。如果家長說話總是反覆無常，孩子是不會認真聽話的。因此，夫妻之間的共識十分重要，必須要找到妥協點，決定在什麼時候、怎麼管教，否則不僅不會有效果，反而還會引起夫妻間的矛盾。

以我家為例，當孩子們以自我為中心行動、不顧及他人，或者沒有禮貌、亂耍脾氣時，我和先生就會訓斥孩子們。先生平時是像朋友一樣可以輕鬆相處的爸爸，但在管教時就會變得很嚴厲。那時候我也會幫爸爸樹立威嚴，讓孩子們坐在椅子上思考或寫悔過書。當孩子還不會寫字的時候，至少讓他們透過畫圖，回顧自己做錯的行為，不能讓孩子應付了事。管教結束後，家長要和孩子一起紓解情緒，因為我們家是基督教家庭，所以通常會一起禱告。

還有一點非常重要，那就是家長在做錯事情時，也需要先向孩子們道歉。這對於建立孩子的信任非常關鍵。如果家長願意承認自己的錯誤，孩子也會自然而然明白，必須在犯錯時坦承錯誤，如此一來，孩子也能坦然接受管教，而不會總感到委屈。

爸爸是教養的關鍵拼圖

在二〇一五年韓國綜藝節目《偶然成為大人》中，研究AI與大數據的VAIV Company副社長宋吉英曾經分享過與「爸爸」這個詞有關的大數據分析結果。令人驚訝的是，與「爸爸」相關的詞彙中出現了沙發和客廳。由此可知，在大部分家庭生活中，爸爸的存在感偏低。爸爸最常聽到小孩說的話是「爸爸，媽媽在哪裡？」，孩子們從瑣碎小事到重大決定都和媽媽溝通，爸爸似乎只是一個常在客廳沙發上看電視看到睡著的人。

如此一來，孩子的教育也由媽媽主導。在韓國，「爸爸的漠不關心」竟被選入成功教育三要件，令人感到心酸（另外兩個要件是「爺爺的財力」和「媽媽的資訊獲取能力」），意味著對孩子教育漠不關心的爸爸才是好爸爸。這種想法一度流行，現在偶爾也還會看到「大雁爸爸」，大雁爸爸是指為了送孩子去留學，獨自一人在國內工作以支援家中開銷的爸爸，這種現象的相關研究也非常多。難怪，肥皂劇中經常出現對孩子教育過分執著的母親、和家裡關係冷淡的父親，以及夫妻不和的狀況。

爸爸對孩子教育的重要性，自古便有跡可循。朝鮮後期的實學家「師朱堂李氏」寫了一本關於胎教的書——《胎教新記》，書中的開頭寫道：「老師的十年教誨，不如在母親腹中十月的胎教，母親腹中十月的胎教，不如父親在受孕日的謹慎。」強調父親從妻子孕期第一天開始，就應該保持正確的心態，謹慎於自身的行為。

已有許多研究結果能充分證明爸爸對孩子成長的影響力，例如爸爸參與育兒有助於孩子的思考能力和大腦發展。此外，**與爸爸建立情緒上的安定感，可以增加孩子探索新環境時的自信心。爸爸允許並支持孩子去冒險，也有助於孩子的身體發育。**韓國綜藝節目《飄洋過海的爸爸們》中，可以看到來自不同國家爸爸們育兒的模樣，他們陪孩子玩的時候，大多比媽媽更有活力。

在我們家，管教是由先生負責，因為先生比我更不容易受情緒影響。我們夫妻倆都是教授，平常忙得不可開交，但我認為就算世界末日，先生也會在星期六早上為孩子們做最棒的早餐。在陪孩子們玩的時候，他也會配合孩子一起盡情投入。儘管只是玩水槍遊戲，他們也會玩到屋頂都快被掀開的程度。此外，不管孩子們的要求有多麼離譜，他都不會立刻拒絕孩子。

另一檔韓國綜藝節目《家師父一體》中，藝人俞世潤曾公開和不喜歡寫日記的兒子一起寫的筆記本，在筆記本上想寫什麼都自由發揮，其中包含了爸爸和兒子想對彼此說的話、彼此認為最搞笑的詞、圈起了和媽媽有關的詞彙、用懸浮微粒一詞創作的四行詩[1]等，生活中的一切都可以作為書寫題材。如果你的孩子還不會寫字，也可以用畫畫來代替，對於生活非常忙碌的爸爸而言，像這樣和孩子一起寫筆記本也是一種溝通方法。

在英國，和家人一起度過平日晚上或整個週末，是十分理所當然的事情。但是，爸爸也需要休息，無法把所有時間都用來陪伴孩子，因此要重質不重量，也就是說，即使時間很短，也要專注地和孩子互動，不管是聊天還是肢體互動，都應該和孩子在同一個時間、空間中交流，不是特別的活動也沒關係，例如在家玩簡單的桌遊，或者在附近的小公園玩耍，甚至，就算只是睡前簡短聊個五分鐘，只要那段時間完全專注在孩子身上，孩子就會覺得爸爸和自己的生活是連結在一起的。

我們夫妻倆偶爾會帶孩子出差，這是為了在移動的時候，和孩子們親密地相處。今年我受邀前往哥本哈根大學時，更是難得地同時帶兩個孩子過去，在沒有爸爸的情況下度過三人時光。先生也會像我一樣帶孩子出差，孩子會因為有和父母相處的時間而感到幸福。

學習不能只仰賴補習班

聽說現在很多小學生在放學後，至少會上一到兩個補習班。有一次，我在韓

1 四行詩（사행시）：一種韓文遊戲，類似中文的藏頭詩，以特定詞彙當主題，用該詞彙的每一個字，作為一首詩每一句的開頭。

國超商看到吃微波食品解決晚餐的小學生，那些孩子們擔心上補習班遲到，連晚餐都沒辦法好好吃，剛上小學一、二年級就已經被時間追著跑，在超商匆忙吃著泡麵，有的甚至連超商都去不了，只能在等待補習班接駁車時狼吞虎嚥吃著餅乾，我在英國從來不曾見到這種景象。

通常小學高年級的學生會在晚上六點後回家，國高中生則是在晚上十點回家。十幾歲的青少年直到深夜才回家的情況並不正常，回家後還要寫學校和補習班作業，孩子們理所當然會在放學後嚷著「要做的事太多了」、「想做的事都做不了」、「好累！」我有位曾在韓國知名英文補習班任教的英國朋友說，他看到小學生在上課時，用平板電腦敲打桌子來宣洩壓力，感到非常錯愕。

以韓國來說，小學高年級的學生通常會在晚上六點後回家，國高中生則是晚上十點。十幾歲的青少年這麼晚才能回家，回家後還要寫學校和補習班作業，難免要嚷嚷「要做的事太多了」、「想做的事都做不了」、「好累！」。我有一位英國朋友，曾經在韓國知名英文補習班任教，他說他看到小學生上課用平板電腦敲打桌子來宣洩壓力的樣子，感到非常錯愕。

在歐美地區，很少人會在放學後還把孩子送去國語、英文、數學等學科補習班，甚至讓孩子提前學習。在這樣的教育環境下，有更多家長為了怕孩子無法和提前學習的孩子競爭，紛紛走進補習班的大門。此外，有些補習班還有高難度的「等級測驗」，當孩子考得不好，內疚和焦慮的家長就會更加依賴補習班，陷入必須從更小就開始補習的惡性循環。

孩子們上補習班的壓力有多大，大人們不是不清楚，描寫學業壓力的書籍、報導和電視劇層出不窮。我曾經看過一個育兒節目，一名約10歲的孩子因為補習和考試而疲憊不堪，竟然脫口對媽媽說出：「好希望地球毀滅。」

以雙薪家庭的情況來說，補習班可能是必要的存在。但建議考量孩子的興趣，選擇一、兩間孩子有興趣的就好，也可以讓孩子在補習班和朋友玩。我知道很多家長會認為，既然放學後都要去補習，盡可能兼顧學業不是更好嗎？然而，這樣的想法可能會讓孩子和家長的關係變得疏遠。請試著和孩子共同討論，以孩子想要的東西、想做的事情為主，制定合理的補習計畫吧！**在現今這個時代，比起能夠做十件事情的人，對一兩件事懷抱熱情並愉快投入的人更容易成功。**

我的小女兒每週六早上八點要上鋼琴課。鋼琴老師的行程滿檔，只有那個時段有空，一般而言，平日都要上學的孩子，放假又要早起上鋼琴課會覺得很累，但她每個星期都很期待。每週只上一次課，一次三十多分鐘。英國的補習班大多都是如此進行，一週一次，時間不長，孩子必須自己找時間複習和練習。

補習班佔兩成，孩子的努力佔八成。並不是每個人都想成為鋼琴家或拿諾貝爾獎，因此沒有必要勉強。但亞洲的補習觀念似乎正好相反，孩子的角色只佔兩成，補習班則佔了八成。如果孩子是被補習班強壓著學習，大概也很難願意再自動自發多練習。補習班成為「因為爸媽叫我去、因為朋友都有去，所以我也要去」的地方，效果大打折扣。

希望送孩子去補習班時，別讓孩子單方面被告知結果，試著先傾聽孩子的想法！等孩子開始補習後，也不要將所有的教育責任都轉嫁給補習班，就算只花兩三分鐘也好，詢問孩子們在補習班看到、聽到什麼，和孩子多一些溝通。讓孩子感受到家長的關懷，這樣一來，更能夠提升孩子積極學習的動力。

唯有家長才能
為孩子做到的事

善意的忽視，善意的關心

我們常說「養育孩子」，養育這個詞似乎只強調家長的重要性，但孩子雖然是被養育者，卻也擁有自己成長的力量。不能否認家長的角色對孩子的成長很重要，但孩子不僅能夠發現自己的才能，也能開拓自己的人生。每個人都會對親自體驗、積累的事物懷有特別的感情，孩子也需要像流水一樣，去發掘屬於自己人生的時間，而家長此時要具備的，就是等待孩子的耐心，以及作為旁觀者的姿態。這並不是指要對孩子不聞不問，而是指即使孩子和家長相處的時間很短，但只要那段時間，彼此都充分把握了，那麼孩子也可以在剩下的時間裡一個人過得很好。

孩子還小的時候，我每天都要從倫敦到牛津上班，無法為孩子空出太多時間，但我還是會盡量把握可以一起吃早餐的時間。上班前的早餐時間，我們一定會全家聚在一起用餐，這時對話的主題通常是前一天發生的事，或者是當天要做的事。我會在那段時間完全專注在孩子身上，因為這是一段非常寶貴的時間，讓我能夠瞭解孩子平時在學什麼、有什麼想法、生活中有何收穫。上班後，我就會全心投入學校的工作和研究之中，先生也和我一樣，在工作時間不得不對孩子們漠不關心。但是相反地，孩子們也可以擺脫父母的注視。當家長給予孩子的資源和關注減少時，孩子的主體性才能夠站穩腳跟。先生經常把這個稱為「benign neglect」，即「善意的忽視」。對於親子雙方而言，善意的忽視能夠讓彼此稍稍喘口氣，當我和先生結束一天的工作、孩子放學回到家，我們在舒適的氣氛中相見，自然會產生對彼此的好奇心和專注力。

看著未成熟的孩子，大人難免會忍不住想幫忙，即使沒有實際給予協助，孩子也會從家長的眼神、表情和語氣中，感受到家長內心的焦急，如此一來，孩子就會養成依賴的習慣。而看著依賴自己的孩子，家長又會更加擔心，不斷循環著「依賴↓↑擔心」。如此一來，很難期待孩子可以獨自堅強地做好所有事。

家長過度的愛和關心，會成為束縛孩子的枷鎖，這也適用於朋友、戀人等任何關係。我的關心可能會被對方認為是干涉或糾纏。親子間也要注意彼此的關心，是屬於健康的關心？還是不健康的關心？我是為了什麼要求孩子學習？我是否把孩子的成績單當成自己的？我有對孩子投射補償心理嗎？對孩子投射補償心理的關心，很難說是善意的關心。我們需要給予孩子的，是真心期望孩子幸福的關心。

以下是安東尼．聖修伯里的著作《小王子》中的一段摘錄。

> 大人們熱愛數字。當有人說自己交到新朋友的時候，大人們絕對不會問最重要的部分。大人們不會問「那個朋友的聲音聽起來怎麼樣？」、「喜歡玩什麼遊戲？」、「會抓蝴蝶嗎？」相反地，大人會問，「他幾歲？」、「有幾個兄弟？」、「體重多少？」、「他父親很會賺錢嗎？」大人們認為知道這些，才算是知道你的朋友是什麼樣的人。你可以像這樣對大人們說說看：「我看到了一棟美麗的紅磚房，窗邊種著天竺葵，屋頂上還住著鴿子。」大人們絕對無法想像那是一棟什麼樣的房子。你必須對大人說：「我看到一棟價值四千萬的房子。」他們才會感嘆地說：「原來你看到了一棟非常棒的房子！」

故事中的孩子想要談論朋友的聲音、朋友喜歡的事物，還有那棟漂亮的房子，但是大人們並不關心那些，大人們只關心數字和金錢。雖然提出很多問題的大人表面上看起來很關心孩子，但孩子並不認為那是關心，因為那些都缺乏對孩子的同理心。

為了表達對孩子的關心，詢問孩子寫完作業了嗎、考試考得好不好、朋友上哪間補習班、和老師相處有沒有問題等等，感覺就好像在詢問某個人的工作業績有沒有達標、明年能不能升遷、同事是否在進修一樣。當聽到這些問題時，我們的內心會感到溫暖、覺得對方真的很關心我嗎？還是反而覺得「為什麼要問這些讓人壓力大的事」呢？**飽含真心的關心始於對孩子的同理心。不要把對孩子學習目標、成績的關心，當作是對孩子的關心。**如果和孩子的對話中只有成績、達標與否，對親子關係而言沒有幫助。

為放手做的準備

孩子扭動著小巧的手腳，好像在比劃著什麼，看起來可愛中帶點笨拙。看著這樣的孩子，不免開始擔心這個世界對孩子而言，是否太危險了？於是，我們不禁產生想為孩子打點好一切的想法。但是，如果仔細觀察就會發現，孩子們從小能自己做的事比想像中還要多，即便是很小的事情，當孩子自己完成時，就會感受到巨大的責任感和成就感。事情的完成度並不重要，當孩子想嘗試某件事時，與其說「不行、不要做、小心點」，不如說「好啊，試試看」肯定孩子去嘗試新事物、提升孩子的自信心吧。

我們家孩子喜歡自己做麵包。做過麵包的人都知道，廚房會變得到處都是麵粉和糖，看起來很髒亂。所以，我會要求孩子自己善後，不過因為孩子還小，所以整理得並不完美，這是當然的。但即便是很小的事情，也可以讓孩子培養責任感，因此我不會多說什麼，**重要的是，在孩子清理之後，我不會再去清理。因為**

如果大人會主動彌補孩子做得不完全的地方，孩子就不會感受到必須清理乾淨的責任感。比起清理得乾乾淨淨的能力，孩子更需要可以徹頭徹尾完成自己想做的事的自信心、成就感，以及必須自己善後的責任感。

記得大約在兩三年前，有篇文章描述了一位不會自己剪指甲的大人，一度是社群網站上的熱門話題。其實，現實中不會自己剪指甲或繫鞋帶的人比想像中多，仔細想想，我似乎也聽過類似的狀況——有個上明星高中的孩子，媽媽怕妨礙孩子讀書，會在孩子睡覺時幫他剪指甲。或許你也聽過「媽媽幫你，你什麼都不要管，只要專心讀書」這類的話，許多家長努力去除可能妨礙孩子課業的事物，因此他們也不教孩子做家事，於是，這些孩子成年以後也很難自己打理好家務。

我小時候也是不必做家事的孩子，直到我開始獨立生活，才發現自己除了煮泡麵，什麼都不會。我意識到媽媽再也不會幫我做那些家務時，甚至感到難過和氣憤，「因為是媽媽，所以要幫我做」我很長一段時間都是這麼想的。然而當我成為媽媽後，我才知道媽媽幫我做的事並非理所當然。

我的孩子們和我的成長過程不同。大女兒雖然只有十四歲，但有幾道菜已經做得比媽媽我還要好，她的個子比我高，力氣也很大，而且很有活力，還會負責倒垃圾和照顧妹妹。我通常不會打掃孩子們的房間，也不會唸她們房間髒亂，因為每當孩子有朋友要來家裡玩時，就會自己先去打掃房間。偶爾，當我幫她們打掃房間時，她們還會很感激我。孩子不僅自己打掃房間，也會自己曬衣服、摺衣服，她們心裡很清楚，如果沒有提前做好，準備上學的時候就會手忙腳亂地找制服和長襪。透過重複累積這類經驗，孩子們逐漸具備了自己做好家務的能力。媽媽不是孩子的秘書，也不是僕人，孩子必須在生活中感受到，每個家庭成員都是值得尊重的個體，同時也是家庭的一份子。

我們家經常招待客人，而我和先生一定會和孩子一起迎接客人，她們從很小的時候就會一起幫忙做簡單的事。最近孩子們長大了一些，當我們做料理時，孩子們就會負責烤蛋糕。在爸爸做早餐的星期六早上，偶爾也會讓孩子們幫忙準備。她們甚至會像餐廳一樣製作菜單，接受點餐，為忙碌的媽媽做一頓美味的餐點。孩子在參與家務的同時產生了成就感，過程中也會體悟到家長的辛勞，萌生感激的心情。

我們家孩子還主導過一件事，那就是養寵物。孩子往往會想在家裡養貓或養狗，我們家也是如此。然而，由於先生對狗過敏，因此不能養狗，但孩子還是想要有動物朋友。我們經過深思熟慮後，決定養金魚。養金魚並不容易，既要打掃魚缸，又要按時餵飼料。我們以養金魚為條件，讓孩子們自己管理魚缸，因此她們從很小的時候就養成了對生命的責任感。不久前，我們家孩子想吃辣炒年糕，我做給她吃，孩子吃了辣炒年糕，很感激地對我說謝謝。其實媽媽為孩子做辣炒年糕不就只是件小事嗎？你可能會覺得這有什麼好感激的，但當我和先生都很忙的時候，孩子們偶爾會親自做我們的晚餐，當孩子累積了這些經驗，才會對為自己下廚的媽媽感到感激。

有些孩子會在學校打掃時間，蹺掉打掃、偷偷念書；有些孩子會設法不參加學校活動，家長甚至還會幫助他們。我偶爾也會看到一些孩子即使上了大學，也還是在避免做讀書以外的事。有些家長還會替孩子打電話到大學或公司請假，這樣的孩子進入社會後，能夠在各種團體裡得到應有的尊重嗎？隨著年齡的增長，他們可以順利交友、戀愛、結婚、就業嗎？尤其，孩子歸屬的團體會越來越多，人際關係也會越來越複雜。

不僅是做家務方面的教育，經濟教育也是獨立教育的一部分。英國的孩子們到了十歲就會從政府那裡拿到「Child Trust Fund 兒童基金」。孩子們長大成為青少年後，大部分會開始辦金融卡，管理零用錢。我先生很早就失去母親，到二十多歲時都和父親一起生活。他和父親一起分擔家務，每個月都會給父親生活費，這在英國並不奇怪，英國人不覺得家長的幫助是理所當然的。家長和子女之間在金錢上也會建立明確的界線。我認為這不是無情，而是一種健康的生活方式。我也會給我們家孩子零用錢。有一次假期特別忙碌，我在去韓國出差期間，給大女兒安排了一份照顧妹妹的零工，我們還簽了合約，說好每天支付十英磅，總額是一百英鎊。大女兒於是擬定了要和妹妹一起做的活動，還煮飯給妹妹吃，並向我彙報每日的狀況。

孩子們日復一日慢慢成長，總有一天會長大成人。我們要做的就是幫助孩子長大後能夠獨立，身為家長要懂得放手，否則就算孩子成年了，也會變成家長為他們決定人生。孩子的獨立訓練，必須從家庭中開始。

成為孩子的人生導師，而非老師

新冠疫情時期，我曾經和孩子一邊讀韓文書一邊翻譯。我用韓文唸給孩子聽，孩子則說出自己的想法。在這個過程中，我瞭解到英國長大的孩子，會如何看待韓國的過去與未來，以及從中感受到的許多事物。我從孩子身上學到了很多，而且不僅限於親子共讀的時間，一起用餐時的聊天內容，也是我向孩子學習的一部分，家長和孩子可以一起分享生活的智慧，共同成長。

最近我在尋找母親教養相關的成功經驗時，開始產生「我身為媽媽，是不是也應該更早、更深入參與孩子的教育」的想法。身為媽媽，似乎應該像老師一樣教導孩子學習，有一些書看來像在暗示，把孩子送進好大學的媽媽就是有能力的媽媽。媽媽好像應該成為孩子的老師、入學考試專家和學習表現監督者。然而，老師和家長不同，老師不僅接受過專業訓練，更不斷在現場累積實務經驗，家長不可能做得一模一樣。在家裡，孩子在學生之前，更是子女，不是需要被命令去讀書的對象，而是該給予關愛的對象。深思後，我認為，家長應該成為孩子堅實的靠山，而非老師。

在孩子上小學之前，家長可以在家裡教孩子一些簡單的課程，但前提是必須有信心維持良好的親子關係。如果會教到吵架，不如乾脆請補習班、家教幫忙，因為學校或補習班老師和孩子的情感連結較低。試著想像教配偶開車時，是不是很容易演變彼此都不開心的情況？同樣地家長可能會對孩子說出學校或補習班老師不會說的話，例如「你連這個也不會嗎？」「連那個也不知道嗎？」「這麼快就忘了嗎？」等，這不僅模糊了教學的本質，甚至可能為關係帶來傷害。

要用客觀眼光看待自己的孩子非常困難，因為家長通常對自己孩子的期待值很高，很難滿足，也容易失望。有位媽媽曾經向我提到，她正在為小學的孩子和同班同學上家教，發現自己的孩子在同學之間表現得並不突出，讓她不禁感到很失望。是啊，要當好自己孩子的老師非常困難。

《牛津英文詞典》將「導師（mentor）」定義為「對他人，特別是年紀小或經驗少的人提供引導、建議、支持和指引的人，例如經驗豐富且值得信賴的諮商師、朋友或支持者。」我認為，家長的角色應該更接近「導師」，而非老師。我們是比孩子們更早歷練人生的前輩，更適合作為指引孩子未來人生方向的人，也應該作為他們人生中可靠的嚮導和助手。所以，別再為了多教一題數學或多背一個英文單字，讓彼此失望和傷心。

我爸爸是一名公務員，由於爸爸的職務關係，我小時候經常搬家，每次搬家後，我都很難適應新學校的生活，而且每個學校的進度都不一樣。爸爸從未親自教過我讀書，但每當我為了跟上進度在書桌前讀書時，爸爸都會在身旁陪著我。家長只要在孩子們學習的時候陪在身邊，就足以讓他們穩定地學習。老師是專注於教學的指導者，而導師則是專注於提供全方面的指引的人。爸爸可說是我人生中的導師。

在孩子的兒童時期，大部分家長都會扮演好導師的角色，但在脫離兒童期之後，孩子人生的每個瞬間，也都需要好的導師。家長不妨多介紹孩子認識一些能提供靈感、指點的人，無論對方的年齡、輩分如何，這一點很重要，像是親戚、鄰居和自己的朋友，都有機會成為孩子的導師。我先生之所以學習美術，就是多虧了高中時的美術老師，那位老師就像電影《春風化雨》中的基廷老師一樣，總是帶給先生勇氣和靈感。

我的一名學生和九歲時認識的同學寫過交換日記，為彼此的夢想加油。雖然分別走上了學習和運動的道路，過著不同的人生，但兒時彼此交流的對話成為他們人生的巨大支柱。聽說，成為運動選手的那位朋友，把我學生小時候寫的紙條放在錢包裡，每當被比賽成績動搖的時候，就會拿出來看、重新打起精神。人生中哪怕只有一個好導師，也能帶來非常巨大的影響力。

孩子，謝謝你好好長大了

大腦的神經可塑性會根據我們的經歷和周圍環境，靈活地調整大腦的功能或結構。在我們學習新事物時建立新的腦內神經網路，或加強已有的連結，使我們能夠適應環境並獲得新知識。這種現象不僅限兒童時期，而是持續在我們的一生中發生。神經可塑性受到孩子成長環境的影響很大，包括養育方式與生活環境。研究顯示，孩子的大腦發展與學習量之間的關聯性不強；相比之下，**親子間的連結、信任感，以及孩子的自主性等因素，對大腦發展的影響更為關鍵。**

對孩子來說，觸覺訊息與聽覺訊息同樣重要。透過與父母肌膚接觸建立依附關係的孩子，比起缺乏這種經驗的孩子，更能有效調節壓力。與父母的親密連結，不僅對大腦與身體發育有正面影響，也深深影響孩子對生活的態度與價值觀。反之，若孩子沒有感受到被愛或缺乏安全感，面對挑戰時往往更傾向於消極的態度應對。

為了建立與孩子之間的信任感，必須先尊重孩子的個體性。試著對孩子說出蘊含愛意的話語，且不存在任何附帶條件。讓孩子明白，你愛他，不是因為他寫完了作業、多認真讀書或是考到高分的成績，單純只是愛著他們本身。表達愛意的方式也很重要，我們不是常說，說話要「有溫度」嗎？和孩子說話時，除了話語本身之外，更要在語氣與眼神中傳遞溫暖。

今天就告訴孩子：「你的存在本身就是祝福，也是禮物。」或者試試看：

「謝謝你，好好長大了。」開口說這些話讓人難為情，但對孩子表達真心就像孩子學習新事物一樣需要勇氣。如果實在說不出口，可以試著在鏡子前練習，或選擇在一天的開始或結束，例如孩子賴床或準備入睡時，輕聲說出你的心意。偶爾也可以將愛的訊息寫在紙條或白板上，孩子一定能感受到那份含蓄但深切的愛。

「肢體接觸」的重要性怎麼強調都不為過。例如，與孩子玩耍時擊掌、一起聽音樂牽手跳舞、抱著孩子唸書，這些互動能透過溫暖的體溫，傳遞安全感與親密感。如果想有更多的肢體接觸，也可以按摩孩子的肩膀或四肢，甚至給孩子一個深深的擁抱，緊緊抱著幾秒，一邊輕聲說出愛的話語。這樣的擁抱，能讓孩子感受到父母對自己的珍惜，孩子也會更加愛自己、珍惜自己的生活。

良好的親子關係，可以有效促進孩子的學習動機。但是如果親子關係不佳，家長的喜悅可能不僅無法激勵孩子，反而引發他們的叛逆心理，刻意反抗家長的要求。實際上，為了反抗而拒絕努力的情況並不少見。成為孩子堅實的靠山，不代表要無條件包容他們所有的錯誤，而是在他們跌倒或失敗的時候，仍然陪伴在他們身邊，給予他們無條件的支持與愛。這將能夠幫助他們培養無所不能的自信，以及強大堅定的內心。

我的國高中時期並不快樂。雖然不到遭受校園霸凌的程度，但我經常被同學欺負，有一次甚至動了極端的念頭。在那個時候，我想起了媽媽的臉龐，這讓我的心情逐漸平復了下來，因為我知道，不管發生多困難的事，我都能隨時投入父母的懷抱。這段回憶讓我再次思考，身為家長，我每天展現在孩子面前的樣貌，究竟是什麼樣子呢？

【立刻和孩子一起練習】社交感UP！

❖ **別讓年齡差異，成為孩子溝通的障礙**。為了培養孩子的社交感，不受限於權威、年紀等隔閡，平常要提醒自己避免說「大人在說話，小孩不要插嘴」等話語。

❖ **請讓孩子充分表達意見**。創造一個讓孩子能好好表達想法和情緒的環境。

❖ **陪伴的質重於量，不需要因為陪孩子的時間太少而愧疚**。即使下班很晚，只要在一天的開始或結束時和孩子簡短聊天，也能共度愉快的親子時光。

❖ **請爸爸每週至少為孩子下廚一次**。每週都做同樣的料理也沒關係，與孩子一起用餐、好好對話吧，親子交流需要爸爸媽媽共同付出努力！

❖ **家長要為自己保留喘息的空間**。請安排一段暫時忘掉孩子的時間，專注於自己的興趣或愛好。別忘了，爸媽的幸福也是孩子的幸福。

❖ **避免在情緒當下教訓孩子，衝動說出傷人的話。**話說出口就收不回來，如果察覺自己無法控制情緒，請先花點時間冷靜下來。

❖ **保持一致的堅定態度。**教育孩子的時候，家長要站穩自己的立場，不要讓孩子養成將哭鬧當武器的習慣。

❖ **請找出孩子能做的家事，建立身為家中一份子的責任感。**家裡的事是所有家庭成員的事，即使是很小的事，孩子也會因此感受到很大的成就感。

❖ **定期安排一段「刻意忽視彼此」的時間。**家長和孩子，雙方都需要有自己的時間和空間，才能擁有更融洽的親子關係。

❖ **多和孩子肢體接觸。**時常抱抱孩子、摸摸孩子或握握孩子的手，不要吝於表達自己的愛意，為孩子帶來更多的安全感。

CHAPTER 05

實現感：幸福的學習感是，成就孩子未來的翅膀

下午茶的三層點心盤上，由下而上，依次擺放著鹹香的三明治、酥酥鬆鬆的司康和誘人的蛋糕，享用的順序也是如此，首先，以鹹食一解午後的微微飢餓，接著，在烤得剛剛好的司康塗上果醬和奶油，搭配溫熱的茶一起享用，最後則以蛋糕作為美好的結尾。享用蛋糕的時刻，更是下午茶的高潮，遠離了飢餓感，取而代之的是放鬆的心情，和周遭人們一邊閒談，一邊愜意品嚐美味蛋糕，不知不覺，身心已然充飽了電。

不久前，我問了十歲的小女兒，她覺得什麼時候最幸福。女兒回答，和家人、朋友們在一起的時候。像是和家人玩娃娃的時候、一起看電視的時候、一起疊積木的時候、在生日派對上拆開朋友們送的禮物的時候，還有夏天和家人去海邊玩的時候……。

現在，試著問問孩子什麼時候最幸福、最快樂，或者最近什麼事讓他很開心吧。如果孩子想不起這種時刻，那問題可大了，因為，讓孩子留下幸福的童年回憶是家長的義務。

童年教育的核心在於情緒教育，不能錯過情緒教育的機會，也唯獨情緒教育不能拖延，也不能交給補習班。情緒教育，並不是要我們滿足孩子所有的物質欲望，也不需要帶孩子展開多麼了不起的旅行。方法很簡單，與其綑綁孩子，不如放手，只要陪著孩子，引導孩子多感受、享受日常生活和自然中的驚奇，例如陪孩子們再去一次遊樂場，再去公園騎一次腳踏車，這樣簡單、瑣碎的經驗，就有助於孩子們的情緒發展。即使忙得沒有時間，也該為了家庭和孩子的幸福抽空。這些經驗也與學習的幸福感密切相關。

雖然每個家長都很關心孩子的學業，但一和孩子提到學習功課，似乎又會淪為煩人無聊的話題。然而在英國，學生們真的很常談論彼此感興趣的領域，仔細想想，這種現象好像是理所當然的，因為是自己感興趣的事物，如果看到有趣的研究或消息，自然就會很想說出來，也想知道別人對此的看法，希望與他人交流。然而為什麼當我們問到孩子的興趣，同學喜歡什麼時，卻會感受到冰冷的眼光呢？

原因在於，對亞洲人來說，學習大概都不是太美好的回憶。「寫完數學作業就給你玩遊戲」、「英文考試考得好，就買禮物給你」、「只要高中努力讀書，以後就可以盡情做自己想做的事」孩子小時候的學習過程既辛苦又困難，是一段必須為了做其他有趣的事情而忍耐的時間。而且，成績不是名列前茅的孩子，對於學習還會產生挫敗感，一聽到學習這個詞就令人感到窒息，如果有人說「我喜歡學習」，自然會被投以不愉快的眼光。

我剛開始看見英國的國、高中生時，發現他們落落大方說著自己喜歡的事物，那個模樣令我感到陌生。他們感興趣的領域有語言、地理、美術等，既具體又多元。這些人不是所謂的天才，也不是所有科目都表現優異的學生，他們只是有自己喜歡的事物。我們的情形與此不同，經常可以看到成績不優異的學生，對未來充滿無力感。

反之，英國的孩子們是為了更深入學習自己喜歡的領域而上大學，大學志願也是在實地參訪許多學校後才決定，即使大學畢業後從事和主修不同的工作，也經常可以看到很多大人閱讀著興趣領域的書籍，並把學習當作嗜好看待。家長要讓孩子知道，為了更了解這個世界的學習，是一件多愉快的事情。當然，家長能以身作則是最好的。

我不太喜歡代表平衡工作和生活的「Work-Life Balance」一詞，因為這個詞好像完全切割了工作與生活，我非常感謝我的工作，促使我需要不斷的學習，儘管大學畢業了好一段時間、教授也當了十五年之久，但當我在研究的時候依然會感到興奮和激動。人們常問我，都已經成為教授了，幹嘛那麼認真？邊做邊玩就好呀。其實我已經是如此了，學習對我而言就是最好玩的遊戲，我在學習的時候感到最開心。**試著讓孩子像玩遊戲一樣享受學習的過程吧，因為我們每個人都**

需要「享受學習」的力量，也就是這個章節中所要傳達的「實現感」。我們不能為了未來犧牲所有的當下，甚至放棄珍貴的童年時光。和孩子一起描繪幸福的現在與未來，才是家長最需要做的事。

孩子的幸福感從哪裡來？

孩子當下的幸福體驗也很重要

二〇一〇年，杜克大學醫學院研究團隊，追蹤了約五百名受試者從兒童期到三十多歲的發展，研究發現，擁有溫柔細心媽媽的孩子，他們的復原力比其他孩子更強，在長大成人後感受到的壓力和焦慮也比較少。研究人員認為，當我們感受到愛和歸屬感時所分泌的荷爾蒙——催產素，正是關鍵所在。催產素會刺激正面情緒，因此，**感受到很多愛的孩子，長大後對新資訊開放度更高、更能應對負面情況，他們對生活的積極態度，也使得他們在任何領域更容易獲得高成就。**

孩子與家長的依附關係，會影響孩子的自尊心，健康的自尊對於人際關係、學習、面對挑戰方面有巨大影響。和孩子一起規劃親子時光、共創幸福的回憶，都有助於和孩子建立良好依附關係，這並不需要花很多錢，也不需要多盛大，只需要共同創造愉快的時光。但是，如果沒有付出努力，幸福時光並不會平白出現。孩子在十歲前的學習，絕對不是僅止於書桌前的學習，讓孩子多多儲存幸福的學習體驗，這些體驗會幫助孩子建立面對世界的正向力量。

記得新冠疫情期間，在孩子不能上學時，我們曾在社區的公有田地種菜。事實上，那段期間我們累積了比以往更多、更珍貴的回憶，也是在那時候，我和孩子一起把韓國童話故事翻譯成英文。沒有去種菜的時候，我們就會全家像去郊遊一樣跑到草莓農場，還會一起在農場看書。韓國女團 2NE1 主唱 CL 的父親、西江大學教授李基鎮在日本生活時，曾經為了教兩個孩子韓文，親手製作故事書給孩子們，甚至以此為契機，出版了一系列的童話故事書。我也曾和孩子們一起製作故事書，她們至今仍然很珍惜那本書。

除了一起種菜、製作故事書，家長和孩子一對一相處時，也會更了解彼此。我們夫妻倆會分別和大女兒、小女兒相處，例如，爸爸開車帶大女兒去兜風時，我和小女兒就會一起去書店，一起喝杯熱巧克力。如果先生出差不在家，我就會和女兒們擁有一段女生專屬的「睡衣派對」。這樣的時光會形成和父母各別的特殊依附關係。以此類推，讓孩子和祖父母有類似的相處時間也很不錯。

雖然不是每天，但是童年經歷的一些特殊時刻，會令人永生難忘。我記得父母在我國小六年級寒假時，帶我們三兄妹去文化會館看了柴可夫斯基演奏會，那天，我體驗到了一個全新的世界。儘管因為父母忙碌，那樣的回憶並不多，但當時的幸福記憶直到三十年後的今天，依然歷歷在目。

韓國科學技術院的一位教授在退休時曾說：「對於重要的事，可以分成緊急和不急兩種。人們往往把時間花在重要又緊急的事上，卻忽略了不急但很重要的事。很急又很重要的事，像是接近截止日的工作或作業等；不急但很重要的事則是健康、家人和幸福等。」事實上，不急的事換句話說，就是需要花更長時間、持續去做才能達成的事。如果沒有從現在開始持續和孩子為「不急的事」努力，可能就會錯過彼此能夠享有的幸福時光。

幸福的實現感從慢慢來開始

在英國，我從未見過孩子上所謂的先修班。英國的學校教育步調非常緩慢，尤其是在小學階段，對孩子的評價也相對寬鬆。或許正因如此，許多生活在英國的亞洲家長，常對英國教育的緩慢進度感到沮喪。然而，如果孩子們只專注於快速學習，忙著接收新資訊的大腦，就會無暇再去而思考那些成長階段中，對世界自然產生的疑問。

那些發展學問或引領社會變革的人，都不是會理所當然接受既有知識的人。他們常常問「為什麼」，總是充滿疑問並勇於提問。我記得在大學一年級時，韓文系的一位教授說過，若想成為學者，至少需要有對未來五十年的願景和抱負。這種長遠的眼光適用於任何職業，孩子們也應該被引導去考慮未來五十年的事。

一九九一年諾貝爾生理醫學獎得主厄溫．內爾（Erwin Neher）教授曾對研究人員表示，研究應以獨立的主題進行，這意味著需要時間與空間來培養自己的思考與成長能力。韓國在PISA（OECD國際學生能力評量計畫）等測驗中，一直名列前茅（編註：二〇二三年PISA排名，台灣學生數學排名全球第三）。然而，進入大學後，韓國學生的學術成就卻往往停滯不前。

新加坡的情況與韓國類似，在PISA測驗中同樣保持高排名。然而，激烈的學習競爭也帶來了不少副作用。例如，小學、國中和高中畢業時的考試，成績直接影響孩子的未來。為了緩解過度競爭，新加坡總理李顯龍在二〇〇四年提出了「少教多學（Teach Less, Learn More）」的口號。

那麼不用上課的寒暑假呢？寒暑假原本應是孩子們休息的放鬆時間，但對許多孩子來說，反而比學期中還要忙，因為他們需要上先修班。而在英國，孩子們則多利用寒暑假專注於自己的興趣，例如寫奇幻小說，並在過程中發掘自己的才能。他們也藉由累積那些在學期中可能被擱置的經驗，培養對學習至關重要的創造力與想像力。

韓國歷史偉人李舜臣將軍，三十二歲才首次考上軍官，起步相較他人晚得多。眾所周知，他的人生並不順遂，三十八歲遭革職，三十九歲復職升遷，四十三歲第一次以白衣從軍，四十四歲返鄉，四十七歲出任全羅左道水軍節度使，四十八歲迎接壬辰倭亂，五十三歲面對丁酉再亂，隨即再次白衣從軍，五十四歲參與露梁海戰。如果李舜臣將軍生活在現代，他或許會因年輕時沒有突出的表現而被忽視，被認為是個懷才不遇而鬱悶的人。而今天的學校裡，或許也有未來將成為李舜臣般大人物的孩子正受到冷落。

另一個例子是曾任英國首相的溫斯頓．邱吉爾。他是名校哈羅公學和桑赫斯特皇家軍事學院的天才。然而，邱吉爾在少年時期的成績一點也不優秀，據說，邱吉爾在哈羅公學的入學考試中，拉丁文和希臘文科目幾乎是交了白卷。這些例子都在提醒我們，每個孩子都有適合自己的學習節奏。

俗語說：「少年登科一不幸」，意思是年紀太輕就考取科舉、功成名就，可能反而成為不幸的根源。因為過早的成功，往往伴隨過高的期待，可能讓人陷入痛苦之中。因此，家長不需要強求孩子在短時間內完成所有事情，而是應該致力幫助孩子保持學習的興趣與動力，讓他們能以健康快樂的方式享受學習的樂趣。

你的孩子今天有睡飽嗎？

韓國的生活非常方便，夜間的超商、網咖仍然燈火通明，外送服務二十四小時不間斷。身為在英國久居的人，這些現象也讓我不禁想問，人們到底什麼時候睡覺？在韓國，睡眠不足的問題不僅限於大人，二〇一六年《大韓醫學會誌》以十七個國家、三萬名嬰幼兒為對象調查了睡眠時間，結果顯示，韓國平均每日總睡眠時間為十一小時五十三分鐘，比西方國家的十三小時一分鐘，少了一小時八分鐘，也比其他亞洲國家的平均睡眠時間十二小時十九分鐘少了二十六分鐘。根據調查，韓國嬰幼兒的睡覺時間也比西方國家晚，韓國孩子平均在晚上十點八分入睡，西方國家的孩子則在晚上八點二十五分入睡，足足提早了一小時四十三分鐘。其他亞洲國家的狀況也是如此，有些只比韓國早睡四十三分鐘。

小學低年級兒童也處於睡眠不足的狀態。根據美國國家睡眠基金會（National Sleep Foundation）建議的睡眠時間，學齡前三～五歲的孩子是十～十三小時，小學低年級的孩子則是九～十一個小時。然而，二〇二一年的研究顯示，韓國有八成以上的七～八歲兒童睡眠時間不到九個小時，情況相當嚴重，高年級的孩子也是如此。韓國保健福利部實施的二〇一八年兒童綜合實態調查結果顯示，全國十二～十七歲的青少年中有一半都睡眠不足。

睡眠不足的主要原因就是「讀書」。大部分孩子們從嬰幼兒時期到學生時期，一直處於睡眠不足的狀態。英國小學生一到七點半就會上床睡覺，國中生會在九點左右入睡，高中生除了考試期間外，很少到十點、十一點還不睡覺。這是直到晚上十點還待在補習班的學生無法想像的。

我們學到的資訊需要在大腦安定後才能消化，這個過程被稱為「記憶再固化」。**睡眠能夠固化記憶，有助於提升孩子的學習能力和記憶力**。如果沒有充分的睡眠時間，就無法順利記住所學的東西，此外，睡眠不足也會影響大腦的敏捷度，降低思考能力和連結多種想法的創造力。美國國家睡眠基金會從二〇一五年到二〇一九年以挪威青少年為對象，研究了睡眠不足與學業成就的關係，結果顯示，青少年的睡眠時間低於標準時，數學和科學成績分別下降了十八％和十一%。

睡眠也是影響免疫力和情緒穩定的重要因素。唯有睡眠充足，才能以健康的身體和清醒的頭腦完成工作。然而，**比起睡眠，競爭的環境更提倡多讀書，因此有很多孩子沒能好好了解自己的健康狀態。**如果忽視健康的異常訊號並經常忍耐，身體就會變得遲鈍，病情無聲無息地加劇。這種趨勢在社會上持續蔓延，例如「過勞死」是只在東亞文化圈特有的詞彙，其他文化圈無法找到相符的詞彙翻譯這種現象。

睡眠是生活的基本權利之一，孩子不該被剝奪這項權利，為了幸福的生活，我們需要能維持身心狀態的良好環境。因此，家長應該讓孩子擁有足夠的睡眠時間，不要為了學習而犧牲孩子的健康。

從孩子視角理解世界

在保羅．維拉爾（Paul Villard）的短篇小說《理解的禮物》（The Gift of Understanding）中，一個四歲小孩在糖果店，用鋁箔紙包住的櫻桃籽來支付糖果的錢，老闆維格登先生接過後，還找給了那個小孩兩美分。那位小孩長大後，在自己的店裡遇到了類似的小客人，那個小客人給了他兩枚價值五美分的銅幣和一枚價值十美分的銀幣，買了價值三十美金的魚。主角找給小客人兩美分，並流下了眼淚。他領悟到原來那時維格登先生用微小的體諒，守護了他的童心，讓他成為了現在這樣的大人。孩子們擁有純真的童心，而大人有義務守護那份童心，請試著從孩子的視角來看待他們吧。

美國教育改革家約翰．霍爾特（John Holt）表示，**好奇心和創造力是孩子學習、成長時必備的要素。**他強調，**應該將孩子的自然欲望，發展為學習習慣，而不是強迫孩子接受傳統的填鴨式教育。**他相信透過鼓勵孩子們追隨興趣和熱情，可以培養他們一輩子對學習的熱愛。也唯有在鼓勵孩子的純真和想像力，也就是童心時，才能幫助孩子將其轉換成靈感和創造力。

我的小女兒早上食欲不太好，常常三十分鐘過去，碗裡的飯卻一點都沒減少，每天早上我和先生都要催促她吃飯。有一天，我送她去學校，孩子走進學校後又哭著跑出來抱住了我，她對我說，雖然覺得對媽媽感到很抱歉，但早上她真的沒有胃口，所以吃得很少。我第一次聽到十歲小女兒對這段早餐時間的心聲。關於孩子的早餐，我一直認為自己是對的，但站在孩子的角度想了一下，飯可能真的太多了，要一個沒胃口的孩子把早餐吃下肚該有多難受。在回家的路上，我一直在思考，我是不是以大人視角過度要求孩子了。

此外，由於我的工作很忙，因此會期待孩子們也像我一樣動作快。對於孩子來說，在像巨人般的大人世界裡有效率地行動並非易事。上下樓梯、配合爸爸媽媽的步伐走路、握著長長的鉛筆寫字、用沉重的杯子喝水、使用餐具等，對孩子們來說都很困難。今天，你對孩子說了幾次「快點」呢?試著不勉強孩子更有效率，減少催促的次數吧。

即使在生氣或心情不好的情況下，只要站在孩子的視角重新思考，就會發現很多事都可以平息。孩子還小時，有一次我們全家去姑姑家，當時我在車上和先生小吵架，我忘記為什麼吵架了，但小女兒一到姑姑家就笑著大聲說，爸爸媽媽在車上吵架。我的臉一陣紅一陣白，姑姑似乎也哭笑不得。當下我滿腦子只想怒吼，但過了一陣子後，我們若無其事地吃了晚餐。仔細一想，孩子並沒有錯，孩子不會像大人一樣斟酌說話，而是直接把所見所聞說出來，因此問題不在於孩子，而是在孩子面前吵架的我和先生，我不禁笑了出來。

守護孩子的童心，需要從理解孩子開始。如果只用大人的標準來判斷孩子的行為，孩子會覺得自己似乎每天都在做錯事，如果孩子經常被罵，自然會變得消極或叛逆。當孩子出現問題行為時，責任真的在孩子身上嗎？當孩子認為自己能對家長說出內心話、彼此能好好溝通時，真正對孩子有益的教育才要開始。

讓僵硬的大腦
變得更加靈活

感受無聊的機會，很珍貴

班奈狄克・凱瑞（Benedict Carey）的著作《最強大腦學習法》強調，人類每天都用相同方式學習，本身就是種錯誤的學習方式，因為人類的學習和機器的學習有很大差距。最典型的例子就是「流暢錯覺」，這個現象是指當人們反覆看相同內容時，儘管並未真正理解，也會誤以為已經理解並記住該內容了，尤其在做筆記或用螢光筆在教科書上畫記號時，很容易陷入流暢錯覺。**作者提到，遺忘反而是學習上必不可少的要素。遺忘就像個過濾網，幫助我們在各種資訊中篩選出真正重要的資訊。**當你以為背好某個單字，過了一段時間後，發現更容易想起的竟然是新的單字，也是因為這個原因。

我們的大腦中存在「預設模式網路（Default Mode Network，DMN）」，這個網路在什麼都不做、進入深層休息時，例如在發呆時，就會被活化。人們會在這時候反思過去或展望未來，在發展自我意識的同時培養深度思考的能力，像是很多人會在洗澡時湧現靈感，而我也經常在游泳、騎腳踏車或散步時，解開在書桌前困擾我許久的問題。反之，當專注在視覺資訊或背誦，也就是專注力在外部的時候，大腦的預設模式網路便會停止，最明確的例子就是當長時間在書桌前埋頭苦讀時，卻怎麼都讀不進去的情況。

有些孩子對於什麼都不做的狀態，反而難以忍受，無論是看 YouTube 還是玩遊戲，他們都會覺得好像必須做些什麼才能感到快樂。大人們也是如此，睡前還在用手機看影片，雖然看起來像在休息，大腦卻持續受到更多的刺激和壓力，如此一來，疲勞的大腦很難發揮學習效率。

發呆也是傾聽自己內心聲音的時間。在韓國綜藝節目《飄洋過海的爸爸們》中，某位爸爸對沒有手機而感到無聊的兒子說：「無聊的時候，什麼都不做就行了。」他接著說：「無聊的時候要做什麼呢？想著想著最後總會找到自己喜歡的事，只有無聊過才會知道。」如果缺乏這種時間，孩子就會在不知道自己喜歡什麼、討厭什麼和真正想要什麼的情況下長大。因此，請給予孩子們擺脫書籍和手機的機會，讓孩子聚焦在自己、他人和這個世界，盡情感受無聊的可貴吧。

培養健康自尊心的方法

很多人把自尊心和驕傲、放縱、唯我獨尊等利己之心混為一談，然而，自尊心是指肯定自己的價值、珍視自己的心。擁有自尊心的孩子更能穩定、成熟地成長。童年環境對形成健康的自尊心影響很大，最關鍵的就是家長無條件的愛。

無條件的愛能讓孩子確信自己是完全被愛的。擁有這種確信的孩子，更容易坦然表達自己的想法和意見，因為他們不會輕易被他人的評價左右。**無條件的愛賦予孩子內在的信念。充分被愛的孩子不會輕率行事，他們會自然地意識到，自己與他人一樣獨立、不同且珍貴**，而這樣的自我肯定，並不是從和他人的比較或競爭中形成的。

東亞社會深受不斷確認個人社會地位的文化影響。在這樣的文化中，人們即安心又不安，甚至還出現了車子、錢包、手錶和包包的階級圖。個人隨身攜帶的物件成為展現自尊心的手段，這種現象讓台灣、日本、韓國等地的人均精品消費金額高居世界前茅。回顧這些東亞國家的成長環境，這種現象並不奇怪。在學校，透過比較成績，不斷確認學生之間的優劣，對於外表也是如此，以美女或美男子的臉作為標準已是家常便飯，滿街充斥著醫美整形廣告，一再催促人們確認自己的外表有無缺點。

事實上，維護孩子自尊心的方法只有一個，那就是關心孩子，並讓他們感受到真正的愛，所以，請家長不要隨意指責孩子，為孩子提供可以自由地表達想法和意見的環境，**懂得珍惜自身價值的孩子，不容易受外界的負面影響，他們會認知到自己的能力和潛力，對未來充滿期待。**這種自信和安定感，是孩子健康成長和學習不可少的基石。

教育孩子的同時，重新看見自己

價值觀教育比其他任何教育都要重要，像是正直、體貼、勤奮等行為原則，正是家長可以教給孩子的重要部分。**你想向孩子強調什麼人生價值呢？為了回答這個問題，首先要花點時間想想，我們在日常生活中最重視哪些價值。**對孩子的教育，也是家長對自己的教育。當我們告訴孩子該如何生活時，那些話不僅僅是在對孩子說，也是在提醒我們自己。

我們夫妻倆很重視「感謝」的價值。在英國有一個文化，那就是被邀請去別人家裡玩、收到生日禮物或聖誕禮物時，一定要回覆送禮者感謝卡片。寫感謝卡片的過程中，能夠讓人更深刻體會到禮物的意義和送禮者的心意。如果孩子眼中只有禮物，沒有送禮的人，就只會感受到物質上的滿足。

不久前，我們家舉辦了小女兒潔西的生日派對。這個派對完全是由她的姐姐莎拉和莎拉的朋友盧莉策劃。她們做邀請函、烤蛋糕，還設計了遊戲。我因為太忙了，所以完全沒有參與準備過程，只有在派對當天幫忙點了披薩。但是孩子們在廚房裡整天笑聲不斷，派對辦得非常成功，莎拉和盧莉都感到非常高興。派對結束後，莎拉和盧莉因為準備得太認真，幾乎累垮了，但潔西那天的精神全被禮物給吸引了。當天結束後，我悄悄提醒潔西，要向莎拉和盧莉寫卡片道謝。莎拉和盧莉收到潔西的感謝卡片後，體會到為他人付出的成就感。

教導孩子價值觀，就如同管教孩子時一樣，重點在於保持一致。如果爸媽彼此的主張不同，孩子就很難做出判斷。此外，家長也要審視自己習慣說的話和行動中，包含著哪些價值，是否與自己教給孩子的事情自相矛盾。例如，明明總是對孩子說，比起成就，應該追求健康和從容的生活，但另一方面卻在孩子休息的時候嘮叨，或者只為優秀的成績感到高興，如此一來，孩子可能會無所適從。

因此，家長應該先審視自己認為正確的價值是什麼。如果自己也很混亂，就必須先重新建立明確的價值觀。在感謝、從容、勇氣、正義、熱情和創意等眾多價值中，尋找希望家人追求的目標，接著思考言語、行動上該怎麼做，才能夠符合價值，並付諸實踐。家長平時展現出來的行動，比口頭上的教育更有效果。

我經常和先生談論價值觀，包含哪些是人生中一定要堅守的價值、為此應該如何生活，以及該怎麼告訴孩子們。例如，我們約好，絕對不能錯過與家人的幸福時光，不能失去感謝的心以及生活的樂趣。我先生喜歡開玩笑和捉弄孩子，因為他希望孩子們學會快樂、從容地生活。原本我不太看重那些，但隨著時間流逝，我也開始同意先生的價值觀，希望孩子們不要認為充滿競爭的世界是一個可怕的地方，也不要過得太辛苦，希望她們覺得這世界是一個甜蜜且值得生活的地方，並且過得幸福。

家長是孩子的世界，孩子們對生活抱持的信念取決於家長，讓孩子知道，這個世界是一個值得好好生活的地方吧。

培養孩子興趣，
會帶來自我成就感

如何讓孩子懷抱夢想？

孩子必須有夢，但並不代表要以具體的職業為目標。相反地，孩子應該學會「妄想」。夢想可以不切實際，也可以不斷改變。小學時，我的夢想是成為畫家、慢跑選手和小吃店老闆。我之所以想成為小吃店老闆，單純是因為辣炒年糕實在太好吃了。

當孩子談論夢想時，請家長試著不將問題導向具體的職業，並且將心中的不安、質疑、否定，都轉為支持和肯定，這會帶給孩子很大的影響。

家長應該鼓勵孩子做夢。然而，許多學生從小的夢想就是「上大學」，終於進入大學後，明明應該開始更深入的學習，卻反而失去學習的動力和目的。這是因為過去他們只專注在考上理想的大學，而忽略了自我實現、適性發展、職業體驗等，有助於發掘自己才能的活動。

我的英國小姑雖然沒有上大學，但曾在大公司擔任過祕書，現在在學校負責行政工作，是一名能幹的員工。我朋友的妹妹，非常優秀有才能，在大出版社的企劃組工作了三十年，但她也沒有上過大學。社會上很多職業都不需要大學教育，儘管學位可能降低門檻，但學歷的意義和價值已經大不如前，今後人們對大學的認知也會逐漸改變。如果一定要以大學為目標，不妨先思考為什麼要上大學？想在大學學些什麼？不管選什麼主修，如果只是為了上大學而上大學，在需要培養一生專業能力的年紀裡，可能會造成負面影響。

即便懷抱夢想很重要，我們也不需強求孩子做夢。韓國的補習街最近開設了「小學醫學院班」，提前教小學生國中的課程，因為在韓國的學習氛圍中，孩子如果喜歡讀書，成績又好，就一定要進醫學院。雖然醫生是個很棒的職業，但當孩子長大後，如果突然覺得自己的人生不屬於自己時，可能會產生巨大的挫折感與焦慮感，甚至陷入自我厭惡當中。

家長應該幫助孩子們懷抱各式各樣的夢想，為他們插上實現自我的翅膀，讓他們自由做夢。愛因斯坦曾說：「有遠大夢想的人，比懂得很多的人更有力量。」**我們應該拋下「夢想等同於志向」的想法。我們太常問孩子將來的志向，**

而非夢想。英國人很少問孩子的志向。連小學都還沒讀的孩子，怎麼懂得刻劃未來的職業呢？我認為，孩子的夢想，能夠為孩子帶來從現在持續到未來的幸福感，甚至感受到比現在更大的成就感。因此，我們可以仔細觀察孩子們感興趣的事物，幫助他們可以追求快樂。

還有，當孩子順利完成活動時，請不吝於給予稱讚。我們家的孩子喜歡堆疊和製作東西，但儘管如此，我也從來沒有要求她們成為建築師或裝置藝術家。我只是把相關資料或書籍悄悄放在她們身邊，讓她們可以自由探索、追求快樂。

孩子最棒的學習動力

韓文有「維持生計（먹고살다）」一詞，這個詞彙在韓國文化中非常重要。過去，確實每個人都需要為生計做打算，我的父親也因為生計問題，不得不放棄自己想學的東西。然而，如今韓國已經遠遠脫離了那個困苦的時期，但還是經常使

用那個詞語。如果要將它翻譯成英文，對應的應該就是「survive 生存」，不過，在英國很少使用這個動詞。我認為，現在我們應該教導孩子的不是如何維持生計，而是如何享受人生。在英國，興趣被視為生活的一部分，而非一種奢侈的追求。興趣不僅是追求快樂的行為，也是能跳脫日常生活、發展自我的好途徑。從快樂能創造幸福的這一點來看，興趣不是生活的奢侈條件，而是必備條件。

首爾大學心理系教授崔仁哲的著作《非常普通的幸福》中，有句話說：「幸福天才有很多喜歡的事物。」首爾大學幸福研究中心的研究結果顯示，幸福度越高的人，喜歡的東西越多，範圍越廣泛，對喜愛事物的說明也越具體。此外，做好喜歡的事情時，那個經驗也會帶來充實且幸福的實現感。

美國民意調查機構皮尤研究中心（Pew Research Center）以先進國家為對象，調查了「讓人生變得有意義的事」。在韓國只有三%的人選擇興趣或休閒活動，在調查對象國家中最低。反之，英國為二十二%，比例非常高。我生活在英國，切身感受到這種調查結果，大部分的人都有自己的興趣，例如，畫畫、編織、演奏樂器、運動等非常多元，同好會甚至還會舉辦演出、競賽和展覽。

在這種環境下，孩子們也會積極把自己喜歡的東西融入生活。一名以牛津大學為志願的英國學生，在高中三年級時，也經常畫畫、編織。如果在學業導向的國家，大概會有人嘮叨，都高三了還要浪費時間做其他事嗎？另一名國中生則說，他在暑假期間要寫一部奇幻小說，也要努力打自己喜歡的曲棍球，還要和家人一起去有運動設施的島嶼旅行，打算在那裡運動約兩個星期後再回來，因為他在學期中感到壓力時，就會去運動或做麵包。這兩名學生都是學校裡的優等生。

我在英國遇到的人們，不認為應該為了學習放棄自己喜歡的事物，學習是生活的一部分，興趣也是，無論是大學生還是上班族，他們都會保持這種平衡。像是在公園可以看到各式各樣的運動項目，例如，板球、排球、足球、瑜珈、拳擊、走鋼絲和拉單槓等。不久前，我在倫敦旅行的時候，遇到了一名畫街頭塗鴉的人，我只看到他的背影便上前搭話，後來發現他是個年長的老人，幾年前退休後開始嘗試這個新的興趣，而那裡聚集了從老到小、不同年齡層的人。

為了享受人生，保持興趣與工作、學習的平衡，我認為是一個很好的習慣。如果沒有這種習慣，很難在競爭社會中找到享受生活的空隙，甚至會忘記享受興趣和閒暇時間的方法。如果可以，家長不妨為孩子提供可以讓他們發展自己興趣的環境。有的孩子喜歡和很多人一起進行動態活動，有的孩子則喜歡安靜讀書和畫畫，理解並尊重孩子們的差異，幫助孩子們保持嘗試喜歡事物的心吧。希望大人們可以像為孩子的學業煩惱一樣，也好好思考如何讓孩子們玩得更開心。**保持生活的平衡並維持穩定情緒的孩子，學習能力也會越來越好，有著喜歡事物的兒時回憶，將會成為孩子往後隨時可以休息的心靈綠洲。**

創造溫馨回憶的機會有限

事實上，家長能夠專注和孩子累積親密感的時間並不多，尤其在孩子進入國高中後，面臨重要的考試，學習內容變難，課業量也跟著增加。此外，孩子待在學校、補習班或和朋友相處的時間也會逐漸增加，和我們一起窩在家裡的時間也就更短了。回顧我們自己的成長過程，大概都能理解這是不可避免的狀況。根據二〇一八年綠色雨傘兒童基金會的調查，從小學四年級到高中，大多數孩子每天與家人相處的時間平均只有十三分鐘。這麼算起來，孩子和家長可以一起創造親密、溫馨回憶的時間，只有十年左右。

那麼，該怎麼創造更多溫馨的回憶呢？我建議準備一個能全家一起玩的遊戲，而且最好能融入每天的日常生活中！例如我們家會在吃完晚餐後一起玩牌，雖然看電視也很好，但玩牌更適合聊天。聊天時，家長的語氣很重要，像是「今天的作業都寫完了嗎？」、「吃完飯馬上去寫。」這種確認或命令的語氣，會讓吃飯時間變得像職場開會一樣，孩子大概很難開心起來。試著改成「今天過得怎麼樣？」、「有發生什麼有趣的事嗎？」這樣尊重孩子日常生活和情緒的提問，才能讓孩子覺得和家人對話自在愉快。

孩子們的爺爺，也就是先生的父親，對我老公而言，真的是就像朋友一樣的父親。他不僅彌補了母親留下的空缺，也是讓先生可以放心說任何事的父親。先生在青少年時期感到徬徨時，父親也不曾責備他，只是靜靜地等待。如今，雖然父親已經去世了，但先生依然會想起父親一邊送自己去幼稚園，一邊對他輕聲細語講故事時的那個燦爛笑容。他從父親那裡獲得了非常美好的回憶，那麼，現在的我們能帶給孩子什麼呢？

有句話說：「樹欲靜而風不止，子欲養而親不待」。這段話提醒我們，子女能夠孝敬家長的時間沒有想像中長。而我認為，這句話也同時意味著，我們能夠給予孩子愛的時間同樣短暫。我想起父親去世前，我在父親面前低下頭，表達了歉疚、遺憾和悲傷，因為一直以來都沒能經常回去探望他，當時父親握著我的手說：「大家都很忙嘛……」，我們的人生真的很忙碌，但是不要讓這些忙碌的時間成為我們生活的主人。讓我們的生活，應該要充斥更多真正寶貴的時間和經驗！雖然我們常說以後再享受，但以後實在太遙遠了，讓我們活在當下，分享更多的愛吧！

【立刻和孩子一起練習】實現感UP！

❖ **實現感的基礎來自幸福感。**問問孩子什麼時候感到幸福？

❖ **比起眼前的成果，孩子更需要充分消化經驗的時間。**不要催促孩子學習，也不要只專注於現在的成績，讓孩子慢慢消化，才能真正內化成自己的經驗。

❖ **多詢問孩子的想法。**除了探詢孩子的想法，也要確實傾聽並回應「原來你是這樣想的」。給孩子充分思考和表達的時間，讓孩子能夠輕鬆詢問家長的意見。

❖ **引導孩子對小事也要懷抱感恩的心。**在得到幫助或收到禮物時，不要認為是理所當然。家長也要時常對孩子表達感謝之意。

❖ **創造和孩子一起歡笑的時光。**準備全家人可以一起玩的遊戲，並且在約定好的時間充分玩樂，一起參與戶外運動也很不錯。

❖ **每天安排一次全家一起吃飯的時間。**讓孩子感受到家是一個幸福安全的地方。

❖ **避免使用命令口氣，儘可能以對話的方式溝通。**我們應該關心的是孩子本身，而不是孩子的學業。

❖ **不做隨波逐流的選擇，以孩子的幸福為主要考量。**不是每個方法都適合每個孩子，在心裡釐清真正為孩子好的方式之後，鼓起勇氣堅持下去！

後記——玉蘭花的香氣

我在一個典型的貧困家庭長大，有時候真的很不敢置信，我竟然成為了牛津大學的教授。我父親給了我很大的啟示，他是個非常喜歡學習的人，但由於家境貧困，大學只讀了一個學期就休學了，每次聽到父親說著肚子餓時就喝水充飢的故事，我就會很難過，同時內心深處也湧上了好勝心，我總是想著要好好讀書獲得成功、讓爸爸開心。

忠清南道的鳥致院和青陽是我小時候生活的地方，住在青陽的時候，我的幾個朋友真的是用布包著書，每天翻山越嶺來學校。十歲時，有一次我去朋友家玩，但是因為回家的路真的很可怕，朋友翻山越嶺送我回家後，又自己一個人踏上回程。每當有從首爾轉學過來的人，我們就會好奇地圍在他身邊。上大學後，我才發現自己對首爾的孩子有一點自卑情結。但是，在鄉下長大的童年經驗養成了我對語言的敏感度。

小學五年級時，老師寫了一封信給轉學到都市的我。

「願妳擁有一雙懂得欣賞美麗事物的眼睛，好好長大。」

這句話在三十五年後的現在，依然令我感動。

小時候在鄉下的山野間遊玩是我的日常，因此我總是有閒情逸致去尋找和欣賞美麗的大自然。坐在賣陶甕奶奶的手推車上送貨回來時，春風吹來了玉蘭花的香氣。對現在的我來說，世界上最香甜的香氣依然是玉蘭花。

我最喜歡的比喻是，水裡有半杯水的時候，可以說是「只有一半」，也可以說是「還有一半」。身為數位先進國家，我認為我們的未來充滿了光明，除了經濟發展外，還透過流行文化影響全世界。同樣地，我也認為教育將有所改變，也將有所好轉。

兒童時期的幸福教育不能由老師或政府來實現，補習班更是無法，這件事只有家長能夠做到。但這並不代表要做多特別的事情，也不是要爸媽承擔起所有的責任。家長要做的事情，就只有為孩子插上翅膀，給予孩子全然的信任和愛，讓他們可以展翅飛翔。在育兒和教育方面，儘管我和先生也經常犯錯，但我們也正在和孩子一同成長。

每個人都會遇到人生的難關，家長不能每次都為孩子解決問題，也無法那麼做，孩子們應該學會獨自飛翔。家長的角色是幫助孩子學會健康地獨立，不斷給予他們信任、愛和鼓勵，這些就已經足夠了，之後的路只能各憑己力。

子女的教育沒有正確答案，每個人都要尋找最適合自己的方法。希望我的經驗能幫得上各位家長。

在本書的最後，真心希望這本書能夠為家長帶來勇氣，讓孩子們看見世界上的美好，過著幸福健康的生活。為了孩子的幸福生活，任何事情都不算晚，只要從今天開始就可以了。

謝辭

研究所畢業到英國留學時，由於我的個性謹慎，有點徬徨無措。於是，我寫了一封電子郵件給指導教授，表示我最後決定放棄學位，當時教授用英文對我說：「Take heart, Jieun.（知恩，加油，鼓起勇氣）」這句話讓我非常感激，大哭了一場，最終振作精神完成了學位。當內心感到疲憊時，我們比任何時候更需要愛和安慰。一句話可以救人，也可以殺人，對孩子們來說更是如此。別忘了，年紀越小，受話語的影響就越大。

寫這本書，對我而言也很需要勇氣，一個牛津大學教授對教育現況能有多了解？竟然寫這種書？我不敢拍胸脯保證。我的個性謹慎小心，每天都非常忙碌，還要進行研究，幾乎沒有多餘的時間，下定決心開始寫這本書，是托已故的羅傑·庫克（Roger Cook）教授的福。他是先生的朋友，也是雷丁大學的美術史學系教授。他教導我分享所學是公共知識分子的義務。更重要的是，我想把在英國生活了二十二年所經歷的事情，以及作為學生、教授和母親所學到、感受到的事情寫在這本書中，分享給身陷深淵的家長們。

有很多貴人幫助了我。尤其是一一傾聽我的教育故事、和我一起苦惱並幫我整理原稿的尹泰淵老師，我想向他表達衷心的感謝。我也要感謝家人、朋友和學生們，還有出版社編輯。

完成本書原稿的今天，正是我已故公公的生日。這個月也是我親愛的父親離世的月份。四月對我來說是個令人懷念的月份。

在望著滿院黃色水仙花的同時，我想將不完美的這本書，獻給所有我懷念的人們。

參考文獻

* 金素玉（音譯）（2022年8月29日），〈2021年全國多文化家庭實況調查（2021년 전국다문화가족실태조사）〉，女性家庭部：http://www.mogef.go.kr/mp/pcd/mp_pcd_s001d.do?mid=plc503
* 金養忠（音譯）（2016年2月19日），〈韓國嬰幼兒睡眠時間比西方孩子少1小時〉，韓民族：https://www.hani.co.kr/arti/society/health/731166.html
* 金泰勳（音譯）（2022年5月3日）〈「因為上補習班」而在大人下班時間回家的孩子們〉，京鄉新聞：https://www.khan.co.kr/national/education/article/202205032135015
* 金賢洙（音譯）（2019）《最近孩子們內心煎熬的祕密》，HAINAIM
* 瑪諾什．佐摩羅迪（2018）《越無聊，越開竅》，WISEBERRY（繁體中文版由天下雜誌出版）
* 文佳英（音譯）（2023年1月27日）〈「為了醫學院重考」…SKY 理科生「有理由的」退學〉，每日經濟：https://www.mk.co.kr/news/society/10621210

* 閔瑞妍（音譯）（2023年1月13日）〈韓國名牌消費達到世界最高…每人每年支出40萬韓元〉，朝鮮日報‧‧https://biz.chosun.com/international/international_economy/2023/01/13/VUVHV7L2ENA43EZQSAXN52NQXI/
* 朴鍾彥（音譯）（2022年7月17日）〈醫生患憂鬱症機率比其他職業更高…20～30多歲醫生嚴重職業倦怠（의사들 우울증 겪을 확률 타 직종 직장인들보다 높아… 20~30대 의사 번아웃 심각）〉，MINDPOST
* 凱瑞（2016）《最強大腦學習法》，文學村（繁體中文版由天下文化出版）
* 安東尼‧聖修伯里（2005）《小王子》，桂林書屋
* 歐‧亨利（2013）《最後一片葉子》（韓文版），MIRBOOKS
* 鄭汝珍（音譯）（2016年3月5日）〈孩子們沉迷的「Minecraft」…你了解多少？〉，KBS NEWS‧‧https://news.kbs.co.kr/news/view.do?ncd=3243331
* 柳安鎮（音譯）（2011）《夢想著芝蘭之交》（지란지교를 꿈꾸며），抒情詩學
* 威廉‧史帝羅，奈德‧強森（2022）《讓天賦自由的內在動力》，SAMNPARKERS（繁體中文版由遠流出版）
* 李漢吉（音譯）（2013年8月25日）〈[國立教育院長李盛光採訪報導] 減少單純的知識教育，讓孩子自主思考學習〉，中央日報‧‧https://www.joongang.co.kr/article/12430604#home

* 李賢智（音譯）（2019年12月1日）〈年輕首爾大生的憂鬱〉，大學新聞：http://www.snunews.com/news/articleView.html?idxno=20815
* 全在恩（音譯）（2022年5月25日）〈2022青少年統計〉，女性家族部：https://www.mogef.go.kr/nw/rpd/nw_rpd_s001d.do?mid=news405&bbtSn=708572
* 鄭鳳五（音譯）（2020年7月30日）〈大學生學習時間少於小學生〉，東亞日報：https://www.donga.com/news/Society/article/all/20200730/102234113/2
* 鄭澀琪（音譯）（2017年1月9日）〈從2歲起飽受補習教育之苦〉，每日經濟：https://www.mk.co.kr/news/society/7671756
* 趙宥拉（音譯）（2023年2月9日）〈用 VR 養蝴蝶，在元宇宙中用遊戲方式解數學〉，東亞日報：https://www.donga.com/news/article/all/20230209/117801227/1
* 趙知恩、宋智恩（音譯）（2019）《語言的孩子們》（언어의 아이들），SCIENCEBOOKS
* 趙恩智、安惠貞、崔娜亞（音譯）（2021）《英語的孩子們》（영어의 아이들），SCIENCEBOOKS
* 崔仁哲（音譯）（2021）《非常普通的幸福》（아주 보통의 행복），21世紀圖書
* 〈渴望獲得「諾貝爾獎」的韓國：「無名科學家的創意獲得諾貝爾獎」〉（2019年9月25日），東亞日報：https://www.donga.com/news/It/article/all/20190925/97573474/1

* 〈首爾每10名中小學生中就有1人上超過4個補習班〉（２０１９年９月13日），韓國經濟．．https://www.hankyung.com/society/article/201909138098Y
* Davis, A. (2022, Dec 23). *Affection Critical For Young Childen's Brain Development.* KSLTV. https://ksltv.com/455310/affection-critical-for-young-childrens-brain-development/
* Dong, S. (2022, Nov 02). *Oxford professor stresses significance of digital literacy.* The Korea Times. https://www.koreatimes.co.kr/www/culture/2023/02/135_339050.html
* Fromkin, V., Rodman, R., & Hyams, N. (2010). *An Introduction to Language.* Cengage Learning.
* Hardy, B. (2020, May 27). *Don't Let Your Children Take the Myers-Briggs.* Psychology Today. https://www.psychologytoday.com/gb/blog/quantum-leaps/202005/dont-let-your-children-take-the-myers-briggs
* Hartshorne, J. K., Tenenbaum, J. B., & Pinker, S. (2018). *A critical period for second language acquisition: Evidence from 2/3 million English speakers.* Cognition, 177, 263-277.
* Kiaer, J. (2023). *Alongside AI: A Linguist's Response to the Recent Release of ChatGPT* [Unpublished manuscript].
* Kiaer, J. (2023). *Doing Language with AI* [Unpublished manuscript].
* Kiaer, J. (2023). *Multi-modal communication in young multilingual children: a case study of*

Korean-English families. Multilingual Matters: UK.

* Kiaer, J., Morgan, J., & Choi, N. (2021). *Young Children's Foreign Language Anxiety: The Case of South Korea.* Multilingual Matters: Bristol, UK.
* Mehrabian, A. (1971). *Silent messages.* Belmont, CA: Wadsworth.
* Prensky, M. (2001). *Digital natives, digital immigrants part 1.* On the horizon 9, No.5.
* Silver, L., Van Kessel, P., Huang, C., Clancy, L. & Gubbala, S. (2021, Nov 18). *What Makes Life Meaningful? Views From 17 Advanced Economies.* Pew Research Center. https://www.pewresearch.org/global/2021/11/18/what-makes-life-meaningful-views-from-17-advanced-economies/?fbclid=IwAR3QNQ23KJzJPQ6K_LhIpg9XP79wVfyZlAAozEBFnXnLgtYBerm5oY-620fc
* Vik, F.N., Nilsen, T. & Øverby, N.C. *Associations between sleep deficit and academic achievement - triangulation across time and subject domains among students and teachers in TIMSS in Norway.* BMC Public Health 22, 1790 (2022). https://doi.org/10.1186/s12889-022-14161-1
* *Welsh teenagers learn from South Korea school swap.* (2016, Nov 28). BBC. https://www.bbc.co.uk/news/uk-wales-38080752
* Woolcock, N. (2023, Feb 27). *International Baccalaureate lets pupils use ChatGPT to write*

essays. The Times. https://www.thetimes.co.uk/article/international-baccalaureate-lets-pupils-use-chatgpt-to-write-essays-fqkq0fzhw

參考影片——

* 〈解決兒童教育的所有好奇問題（２０２３年 １月８日）27年來在小兒精神科診療時的領悟！（千根娥教授）〉，Youtube:https://youtu.be/F6hTSCqsnME
* Diggle Classic（２０２１年５月２日）〈[#劉 QUIZ ON THE BLOCK]韓文說得比曹世鎬還好的烏茲別克 Jagi?·!·為大家介紹像是經歷第二次人生的 Sikeu 與可愛的 Jagi EP29 | CJ ENM １９０８０６ 播出〉，Youtube:https://youtu.be/２bHBdk70fZg
* Sebasi Talk（２０１９年６月19日）〈為了融合性思考必須拋棄的東西 | 曹承衍（音譯）| Sebasi 第１０６１集〉，Youtube:https://youtu.be/srp8defXNNI

* MBC 官方綜合頻道（2022年7月 5日）〈《飄洋過海的爸爸們》阿爾貝托養育出排名前0．3%的天才兒子，育兒實力幾乎等同義大利的吳恩瑛博士｜MBC220703播出〉，Youtube:https://youtu.be/ydT-sbkopiw

* tvN STORY（2023年 1月 8日）〈史蒂夫．賈伯斯不讓年幼子女使用智慧手機的原因〉，Youtube:https://youtu.be/e0uRn4h53Do

* EBS 教養（2021年3月30日）〈你的閱讀理解能力- 第6部- 請大聲唸出來 #002〉，Youtube:https://youtu.be/-FbDwwJP7uk

* MBCNEWS（2023年 3月3日）〈「珍貴的孩子們」……獨自入學的情況數不勝數〉，Youtube:https://youtu.be/XXCS2rzSt0o

* YTN（2023年1月31日）〈[字幕新聞]「作業是誰寫的?」……受到衝擊的 Google「招開員工會議」〉，Youtube・https://youtu.be/qRtUDKf6mM4

台灣廣廈 國際出版集團
Taiwan Mansion International Group

國家圖書館出版品預行編目（CIP）資料

AI世代的牛津式新五感教養：擺脫標準化，喚醒學習感覺！牛津教授帶你和孩子一起快樂學習/趙知恩著.
-- 初版. -- 新北市：臺灣廣廈有聲圖書有限公司, 2025.01
264　面；14.8× 21　公分
ISBN 978-986-130-647-6(平裝)

1.CST: 家庭教育 2.CST: 親職教育

528.2　　113017644

台灣廣廈

AI世代的牛津式新五感教養

擺脫標準化，喚醒學習感覺！牛津教授帶你和孩子一起快樂學習！

作　　者／趙知恩
翻　　譯／林又晞
編輯中心執行副總編／蔡沐晨
編輯／陳宜鈴
封面設計／林珈仔・內頁排版／菩薩蠻數位文化有限公司
製版・印刷・裝訂／皇甫・秉成

行企研發中心總監／陳冠蒨
媒體公關組／陳柔彣
綜合業務組／何欣穎
線上學習中心總監／陳冠蒨
企製開發組／江季珊、張哲剛

發 行 人／江媛珍
法 律 顧 問／第一國際法律事務所 余淑杏律師・北辰著作權事務所 蕭雄淋律師
出　　版／台灣廣廈
發　　行／台灣廣廈有聲圖書有限公司
地址：新北市235中和區中山路二段359巷7號2樓
電話：（886）2-2225-5777・傳真：（886）2-2225-8052

代理印務・全球總經銷／知遠文化事業有限公司
地址：新北市222深坑區北深路三段155巷25號5樓
電話：（886）2-2664-8800・傳真：（886）2-2664-8801
郵 政 劃 撥／劃撥帳號：18836722
劃撥戶名：知遠文化事業有限公司（※單次購書金額未達1000元，請另付70元郵資。）

■出版日期：2025年01月
ISBN：978-986-130-647-6